Lachlan Macbean

The Songs and Hymns of the Scottish Highlands

With Translations and Music, and an Introduction

Lachlan Macbean

The Songs and Hymns of the Scottish Highlands
With Translations and Music, and an Introduction

ISBN/EAN: 9783744779173

Printed in Europe, USA, Canada, Australia, Japan

Cover: Foto ©Thomas Meinert / pixelio.de

More available books at **www.hansebooks.com**

THE
SONGS AND HYMNS

OF THE

SCOTTISH HIGHLANDS,

WITH TRANSLATIONS AND MUSIC,

AND AN INTRODUCTION.

BY L. MACBEAN.

EDINBURGH: MACLACHLAN & STEWART,
BOOKSELLERS TO THE UNIVERSITY.

INVERNESS: JOHN NOBLE.

GLASGOW: PORTEOUS BROTHERS, AND W. LOVE, ARGYLE STREET.

OBAN: D. CAMERON

1888.

PART I. -- SACRED SONGS.

PART II. — SECULAR SONGS.

LOVE SONGS.

SONGS OF HOME.

PATRIOTIC.

SONGS OF GRIEF.

HUMOROUS SONGS.

OSSIANIC.

SCENERY.

MISCELLANEOUS.

HIGHLAND SONGS, HYMNS, AND MUSIC.

GAELIC SONGS are remarkable for their richness in rhyme and other poetical graces, the originality and variety of their metrical forms, their exuberant vocabulary and their sweet and simple melodies. With all this they combine a marked Highland flavour. The listener is at once transported to the bens and glens, brown moorlands, bounding deer and whirring blackcocks, foaming cascades, tree-fringed watercourses, thatched cottages, lonely lakes, and ever in the background the eternal mountains, silent and solemn. Such is the scenery through which move before us the characters which the songs introduce. These characters are few—a fair maiden tending her flock, a stalwart hunter breasting the hill, a venturesome boatman on the treacherous loch, a wild outlaw who delights in deeds of derringdo, a frantic widow wailing over her fatherless child, and perhaps a ghostly shape peering through the gloaming on the margin of the eerie woodland. That is the stage scenery and these the *dramatis personæ* of northern minstrelsy. Its imagery is equally native. A damsel's bosom is white as the mountain cotton, her cheeks red as the berries of the rowan tree, and her hair yellow as the clouds of evening or black as the raven's wing. In fine, there hangs over Highland poesy an unmistakeable odour of the mountain air, heavy with the breath of the heather, with an occasional dash of ozone from the western sea. The LANGUAGE in which these lyrics have been composed is one that is unusually well fitted to be the vehicle of sentiment, readily lending itself to those little garnishments in which Celtic poets delight. It is rich, mellifluous, and copious in poetic terms, especially adjectives, which the bards used with lavish but discriminate profusion. Of its expressiveness and natural poetry, these bards had the highest opinion—

> This is the language Nature nursed,
> And reared her as a daughter ;
> The language spoken at the first
> By air and earth and water,
> In which we hear the roaring sea,
> The wind, when it rejoices,
> The rushes' chant, the river's glee
> The valley's evening voices.

From a literary point of view the crowning glory of Gaelic verse is the extraordinary diversity and complexity of the Metres adopted. Abundant use is made of the ordinary measures familiar in English poetry—the iambus and the trochee—but recourse is also had to the difficult anapaest and the high-strung dactyl, and all four are woven into numberless combinations, such as would delight the soul of an English poet, but of which English itself is unfortunately incapable on account of its limited selection of dissyllabic and trisyllabic rhymes. A common device of the Gaelic bards was to make the latter half of each stanza the first of the next stanza, as in No. 12, Part II., of this collection. Of course, that arrangement required the same rhyme to be maintained throughout the whole song, but such is the wealth of Gaelic assonance that this was accomplished with ease. Indeed it is no unusual thing for eleven out of twelve lines to rhyme, and sometimes one rhyme is carried through twenty verses. The most common form of verse in all Gaelic poetry—Scottish and Irish, ancient and modern—is one in which the close of one line rhymes with an accented syllable in the middle of the following line. This leonine rhyme may be exemplified by the opening verse of the ancient poem known as " The Aged Bard's Wish "—

> Oh, lay me by the burnie's *side*,
> Where gently *glide* the limpid streams,
> Let branches bend above my *head*,
> And round me *shed*, O Sun ! thy beams.

But in many songs every line bristles with rhymed words, often words of more than one syllable, as in the song No. 16 or hymn No 4. This free use of intricate rhymes combined with the headlong sweep of rhythm found in the best songs can only be imperfectly reproduced in English, but an imitation of one of Macdonald's stanzas may illustrate some points of the literary structure of Gaelic verse—

> Clan Ranald, ever glorious, victorious nobility,
> A people proud and fearless, of peerless ability,
> Fresh honours ever gaining, disdaining servility,
> Attacks can never move them but prove their stability.
>   High of spirit, they inherit merit, capability,
>   Skill, discreetness, strength and featness, fleetness and agility :
>   Shields to batter, swords to shatter, scatter with facility
> Whoever braves their ire and their fiery hostility.

Neither is the aid of apt alliteration neglected in the adornment of these songs, which indeed possess, in an unusual degree, all the attractions of form and colour found in the best lyrical poetry. But, after all, the success of Highland songs lies in the Expressiveness with which they interpret the feelings of the singers—the passions of love and patriotism, the pathos of grief and the thrill of joy. They delineate with sympathetic art the changing moods of the mountain landscape, and they portray with all the brilliancy of Celtic fancy the charms of fair humanity. The LOVE SONGS, numerous, full of headlong passion, and set to very attractive melodies, form the largest class, and their fervour and naiveté give them a certain piquancy which is not unpleasing. But the graces and felicities of the HOME are not forgotten ; there are many poetic addresses to newly-made brides and frolicking boys and girls, and lullabies to the babies. One of the most popular songs in the Highlands is a lilt to a little Highland lassie—

O, my darling Mary, O, my dainty pearl !
O, my rarest Mary, O, my fairest girl !
Lovely little Mary, treasure of my soul,
Sweetest, neatest Mary, born in far Glen Smole.

The PATRIOTIC SONGS are a large class, for the Highlanders love their barren land— " her very dust to them is dear." Her historic scenes and the Highland dress, language, and music are never-failing themes, in discoursing on which the bards occasionally added such half-serious and wholly forgiveable touches of exaggeration as the following—

Now, let me tell you of the speech and music of the Gael,
For Gaelic is a charming tongue to tell a bardic tale,
Fain would I sing its praises pure and rushing, ready, ripe,
For Gaelic's the best language, the best music is the pipe !

But of all the Northern songs the elegies and other LAYS OF SORROW are the most striking and characteristic. The Highland Lament is a thing by itself, having no exact counterpart in any other language, its wild, rich music presenting a perfect picture of the weird and grand scenery in which it had its origin. The Gaelic race has been cradled into poetry by suffering, and its spirit has been bathed in the gloom of lonely glens and northern skies. Hence its songs have always given superb expression to what Ossian calls " the joy of grief." There is, however, this difference that while in the older songs the sadness is unrelieved and oppressive, the more modern introduce a chord of sweetness to form a very luxury of sorrow. Thus a bard laments the death of a child –

She died—as dies in eastern skies
    The rosy clouds the dawn adorning ;
The envious sun makes haste to rise
    And drown them in the blaze of morning.

She died—as dies upon the gale
    A harp's pure tones in sweetness blending.
She died—as dies a lovely tale
    But new begun, yet sudden ending.

In bright contrast to these lays of grief are the HUMOROUS SONGS serio-comic ballads, parodies, and biting satires, the latter being far too numerous. With the exception of the wickedness in these satiric outbursts and a passing wave of depravity that swept over Highland poesy in the end of last century, the songs are pure and noble. Their ETHICS are remarkably high, and their continued popularity and influence among the Gaelic population must be regarded with satisfaction.

THE MUSIC of Gaelic Songs bears a family resemblance to that of the Scottish Lowlands, but with all its peculiarities accentuated. In point of fact, the music of South and North was originally the same, for the Scottish Lowlanders in discarding the ancient language of the Scots had the good sense to retain their melodies. Further, it is well-known that from the days of Burns, and probably from a much earlier date, the national music of Scotland has been increasingly enriched by the adaptation of Gaelic tunes to Scotch or English words. These tunes follow closely the rhythm of the Gaelic words, and therein lie much of their undoubted power and originality. But this very connection has a peculiar effect on the English songs, to which many of the airs are wedded. All Gaelic words are accented on the first syllable, and in consequence lines end with an unaccented, or sometimes two unaccented syllables. Of course, the melodies follow this peculiarity—the tunes, or parts of a tune, seldom ending on the note after the bar. In the English and Scotch dialects, however, the range of dissyllabic and trisyllabic rhymes is extremely narrow, and Scottish poets have been compelled to eke it out by using diminutives and plurals, and adding numerous "O's" at the ends of lines, in their efforts to bend the intractable Saxon tongue to the cadences of Gaelic music. Similarly the characteristic of Scottish airs, known as "the Scotch snap," is to be attributed to the greater difference made in Gaelic between vowels that are long and accented and those that are short and unaccented. The absence of the seventh note, B (te), in the ancient Scottish scale no doubt added to the quaintness of the national airs, but a much more striking feature was, and is, its modal character. The old harpers are said to have been extremely fond of the major mode, *an là*, but that mode does not obtain in Gaelic tunes, as now sung, the predominance which it has in other modern music. One of the stumbling-blocks which the ordinary musician finds in Scottish music is that, not content with the ordinary major or even the more uncommon minor, it must wander away into the rough and unfamiliar Dorian mode. But in Gaelic music this peculiarity is emphasised, the tunes in the mode of the second (ray) being, if anything, more numerous than those in any other mode, while it is not unusual to meet with melodies in the modes of the third, fourth, and fifth notes of the scale. Probably, however, the intrinsic beauties of Gaelic airs will be found sufficient recompense for these and other singularities which, in the eyes of many admirers, are but additional beauties.

THE HYMNS of the Scottish Highlands have hitherto attracted little notice; nevertheless they are fairly numerous and many of them possess great merit. A few hymns of the ancient Columban Church have been preserved in monastic libraries —antique compositions in Latin or Gaelic, or both. In the middle ages the sacred poetry would seem to have been of a lower type—imaginary conversations like the so-called " Prayer of Ossian " preserved in the Dean of Lismore's Book (1512), and verses to be used as charms. The modern sacred poetry of the North began with Dugald Buchanan by the shores of Loch Rannoch about the middle of last century, but the most voluminous and popular writer of Gaelic hymns has been the Rev. Peter Grant of Strathspey, whose collection, first issued in 1809, is highly esteemed throughout the Highlands and the Gaelic districts of Canada, under the name of the lays of Padruig Grannd. Besides these poets there have been many hymn-writers in the North— MacGregor, MacLean, Morrison, and others, some of whom have contributed but one successful hymn to the sacred anthology of their country. In that anthology it will be found that, along with undoubted orthodoxy, there is a certain echo of the secular songs, which is particularly noticeable in the use of poetic phrases such as *Dia nan dùl*, " God of the elements," *Dia nam feart*, " God of (many) attributes," *Slanuighear nam buadh*, " Saviour of (many) victories." The hymnology of the Highlands shows little trace of the religious currents of the present century, and its chief characteristic is a sad earnestness, rising at times into a passionate pessimism. A stern theology harmonises well with the environment and history of the Highlander, and whether as Pagan or as Calvinist he is most like himself when chanting eternal " Misereres " of unutterable pathos. The three great themes of Highland hymns are Sin, Death, and Judgment—a trinity which is very real to the sacred bard, and whose shadow lies across all his thoughts. Hence the solemnity and awe of many of the hymns. What English poet would think of presenting for our meditation a picture such as this—

> For mortal man life is quickly past,
> The King of Terrors shall hold him fast,
> When sick and dying, behold him crying —
> " Ah ! tell me, friends, is this death at last ? "
>
> " What throes of anguish are these ? " he saith,
> " That rend my bosom and stop my breath ?
> New terror thrills me, strange horror chills me —
> Oh, tell me truly, can this be death ? "

Yet the pages of Buchanan and Grant contain verses even more terrible than these. At the same time it would be a grave misrepresentation to say that all Highland hymns are of this gloomy cast ; even in the present collection will be found many Christian songs of the brightest and happiest description, though, happily the

11

language contains no hymns that show the levity frequently found in popular English hymn-books.

THE SACRED MUSIC of the Highlands has a close affinity to the secular melodies, and in some cases elegiac and other suitable tunes seem to have been adapted to sacred words. But numbers of the hymns have their own proper tunes, many of them sweet, expressive, and in every way worthy to be the exponents of religious feeling. Besides the hymn tunes, there is another class of sacred melodies in the Highlands which is very interesting—the Psalm tunes, which differ widely from those familiar to the English-speaking world. This is specially true of the small number of very long and elaborate tunes that have been used in the north for many generations, and which are known as the " old " tunes. Their origin is unknown, for though there is a tradition that they were brought into Scotland by devout Highland soldiers returning from the Protestant wars of Gustavus Adolphus, they bear little resemblance to the Psalm tunes of Sweden and Germany. If, indeed, any such imported foreign music formed the basis of Gaelic psalmody, the superstructure has probably been moulded by the chants used in Highland worship before the importation took place. In the Psalm tunes as we now have them the predominance of local colouring is very marked, and it may be said that, even more than the unquestionably native music of the hymns, these Psalm tunes express the deep seriousness of Highland religion.

SACRED SONGS OF THE GAEL.

INDEX.

(Nos 1, 2, 3, 17, and 22 are Harmonised)

1—LUCHD-TURUIS NA BEATHA—LIFE'S PILGRIMS.

Nach faic thu an sluagh, do chala nam buadh A fhuair thai na stuadhan bene - ach?
Life's pilgrims, at rest in the isles of the blest, No storms can molest for ev - er;

KEY F.

```
|:d  |d  :r  :m  |m :-:s.m |r  :d  :r  |m :- :d  |l, :d  :l, |s, :-:d.m |r :- : |d :- |
|:d  |d  :t, :d  |d :- :m.d |t, :d  :t, |d :- :m, |f, :l, :f, |s, :-:s, |f, :- :- |m, :- |
|:m  |s  :s  :s  |s :-:s.s |s :m :s  |s :- :m  |d :d :d  |d :-:d  |t, :- :- |d :- |
|:d  |m  :r  :d  |d :-:d.d |s, :l, :s, |d :- :l, |f, :f, :f, |m, :- :m, |s, :- :- |d :- |
```

Tha sonas is sìth a bonadh gach crìdh, 'S cha sgarar iad chaoidh bho chei - le.
But peacefully there all blessings they share, Sweet fellowship ne'er to sev - er.

```
|:s  |l  :d' :l  |s :- :s.m |r :d :l  |s :- :d  |l, :d :l, |s, :-:d.m |r :- : |d :- |
|:d  |d  :d  :d  |d :- :m.d |t, :d :d  |d :- :s, |l, :f, :f, |m, :- :d  |d :t, : |d :- |
|:m  |f  :l  :f  |m :- :s  |f :m :f  |s :- :s.m |d :d :d  |d :-:m.s |s :- :f  |m :- |
|:d  |f  :f  :f  |d :- :d  |s, :l, :f, |m, :- :m, |f, :l, :f, |d :- :d  |s, :- : |d :- |
```

Tha'n truaighean aig crìch, tha crnin air an cinn,
Gu binn tha iad seinn le eibhneas,
Toirt moladh is cliu dh' Fhear saoraidh an ruin,
Thug sabhailt 'g a dh' ionnsuidh fein iad.

'Nuair theann iad ri falbh bha'n t slighe dhaibh dorch,
'S mu'n cuairt dhaibh bha'n stoirm a seideadh
Gu' robh iomadh ni cur eagal 'nan cridh
Bha'm peacanna lionmhor eitidh.

Chaidh sgapadh 's na neoil bha cur orra sgleo,
Is chunnaic iad gloir an Treun-fhir:
Le creideamh 'na ghradh 's na unbhlachd 'nan ait,
Iad fein thug iad dha le eibhneas.

Now free from all pain, in glory they reign,
With sweetest refrain high swelling;
His praises, who bore them safe to that shore,
Their songs evermore are telling.

They set out in fear, their journey seemed drear,
And tempests severe distressed them;
Dire trouble they found, dark night on them frowned,
And sins all around sore pressed them.

Their terrors were quelled, their darkness dispelled,
God's light they beheld down pouring;
With faith in His grace, they came to His place,
And fell on their face, adoring.

The verses are from John MacLean's "Saorsa tre fhuil an Uain," translated by L. MacLean. Slightly different versions of the air appeared in the "Popular Gaelic Melodies," and Professor Brown's "Thistle." The harmony is by W. H. Murray, Glasgow.

2—AN DACHAIDH BHUAN—THE LASTING HAME.

Air dhomh bhi sealltuinn air saoghal truagh Chi mi caochladh tigh'n air gach uair,
In this puir warl', fu' o' sin an' shame, Where death an' change can ilk moment claim,

KEY B♭.

Chi mi daoine a cur an cul rium, 'Sa dol gu dluth chum an Dachaidh Bhuan.
where frien's are ev - er trac frien's di - vid - in', Tae gang an' bide in the Lasting Hame,

Tha sean is og a dol sios do'n uaigh,
Air lag 's air laidir tha'm bas toirt buaidh,
Nuair thig an t-am dhaibh an saoghal fhagail,
Ma's tinn no slan iad, cha tamh iad uair.

Ach 's rabhadh mor sud do chach de'n t-sluagh
'S is mithich dhomhsa gun chur fad uam,
Tha rabhadh garbh ann bhi deas gu falbh as
Oir tha'n taigh talmhaidh gu tigh'nn a nuas.

Ach ma's firean thu thuig am fuaim,
'S do'n d' rinneadh priseal an Ti thug buaidh,
Tha 'g iarraidh imeachd an ceum na firinn,
Is t' aghaidh direach air Sion shuas;

'S na h-uile cuis anns am bi ort feum,
'S e fantuinn dluth ris, fo sgáil a sgeith,
Bheir ort gun giulan thu h-uile cuis diubh,
Nuair bhitheas do shuil ris na dh' fhuiling e.

Is ged tha chairdean an so air chuairt
Bheir e an aird iad, is gheibh iad duais;
Nuair thig am bàs theid iad suas gu Parras,
'S bi' iad gu brath aig an Dachaidh Bhuan.

Baith young an' auld tae the grave are ta'en,
Baith weak an' bauld death will mak' his ain,
In health or sickness, in peace or anger,
They can nae langer on earth remain.

A solemn warnin' is this tae a',
That I maun never pit far awa'
But aye be ready, for this is tellin'
The earthly dwellin' is sune tae fa'.

But if we ken the sweet joyfu' soun',
An' ha'e our treasure in Jesus foun',
An' tread the pathway o' truth an' blessin'
Still forward pressin', tae Zion boun',

In ilka trial we ha'e tae bear
We'll nestle near Him, there 's shelter there,
For if we trust Him, whate'er betide us,
He 'll save an' guide us for ever mair.

His frien's on earth He will ne'er disclaim,
But bring wi' joy n' that lo'e His name,
Frae His dear presence nane mair tae sever,
But share for ever His Lasting Hame.

From the favourite hymn by P. GRANT. Translation by L. MACLEAN. The air was noted down for this collection from a Gaelic singer, and harmonized by Mr MURRAY, Glasgow.

3—AN AISEIRIGH—THE RESURRECTION.

Solemn expression.

Air meadh-on oidhch' nuair bhios an saoghi'l Air aomadh thairis ann an suain,
At midnight, when a slumber deep Has ov - er man and nature passed,

Grad dhuisgear suas an cinn - e-daoin' Le guth na trom-paid 's airde fuaim.
Mankind shall be awaked from sleep, By sound of the last trumpet's blast.

Air neul ro ard ni fhoillseach' féin,
Ard-aingeal treun le trompaid mhòir;
Is gairmidh air an t-saogh'l gu leir,
Iad a ghrad éiridh chum a' mhòd.

Seidhidh e le sgal cho cruaidh,
'S gu'n cuir e sleibhte 's cuan 'nan ruith;
Clisgidh na bhios marbh 'san uaigh,
Is na bhios beò le h-uamhunn crith.

Le h-osaig dhoinnionnaich a bheil
An saogh'l so reubaidh e gu garg,
'S mar dhiun an t-seangain dol 'na ghluais.
Grad bhrúchdaidh 'n uaigh a mios a' mairbh.

Mosglaidh na fireanaich an tùs,
Is dùisgear iad gu léir o'n suain,
An anamaibh turlingidh o ghlòir,
Ga'n comhlachadh aig beul na h-uaigh'.

Le aoibhneas togaidh iad an ceann,
Ta àm am fuasglaidh orra diu;
Is mar chraoibh-mheas fo iomlan blàth
Tha dreach an Slanaighear 'nan gnúis.

Ach daoine uaibhreach leis nach b' fhiu
Gu 'n úmhlaicheadh iad-féin do Dhia;
O! faic a nis' iad air an glún;
A' deanamh ùrnuigh ris gach sliabh.

'N sin togaidh aingeal glòrmhor suas,
Ard bhratach Chriosd da'n suaineas fuil,
A chruinneachadh na ghluais sa' chòir
'S d'a fhulangas rinn dòigh is bun.

A great archangel on a cloud,
With sounding trumpet, will be seen,
Calling mankind, with accents loud,
To the last Judgment to convene.

Then at that awful trumpet sound
The hills and seas shall flee away,
The dead shall startle in the ground,
The living tremble in dismay.

This solid earth shall rend and rive
By tempest breath, before him sped;
And, like an ant-hill all alive,
The grave shall yield her countless dead.

The righteous dead shall first awake
From restful sleep, and life resume;
Their souls shall down from glory break,
And meet them at the open tomb.

They shall with joy lift up their head,
For their Deliverer is near;
Like blossoms fair on fruit trees spread,
His likeness shall in them appear.

But haughty men who would not deign
Before Almighty God to bow,
Oh see them on their knees, in vain
Praying to rocks and mountains now!

Then shall a glorious angel raise
Christ's blood-stained banner, waving free,
To gather those that loved His ways
And made His sufferings their plea.

Words from BUCHANAN'S "Day of Judgment." Translation by L. MACBEAN. The air is of Ossianic origin, and a good version of it was recovered by the late J. F. CAMPBELL of Islay. The harmony is by W. H. MURRAY, Glasgow.

4—GLOIR AN UAIN—THE GLORY OF THE LAMB.

KEY D.

{ |l₁ |r:r:r|f:-:s|l :-:l |l:s:f|s:-:f|m:r:d|d:-:-|-:-:d|r : r :r|f:-:s|
{ (Tha |Sion a' seinn co |binn's is urrainn,Toirt| mìle urram do'n |Uan, 'S a' |seinn air a ghaol nach
Mark! Sion loud rings her King's high praises,She sings and raises her voice His power to proclaim who

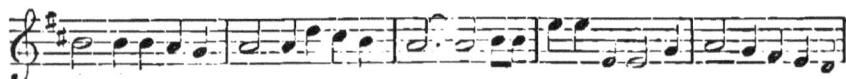

{ |l:-:l |l:s:f |s :-:s|d':t:l |s:-:-|-:-:l.l|r':r':r|r:-:f|s:-:f|m:r:d
{ caochail tuille; 'S e |shaor i buileach o'n |truaigh; Halle-|lujah gu buan aig |sluagh nam flaitheas A'
came to aid her, His fame who made her His choice. Hallelujahs prolong the song that's given A-

{ |s:-:f|m:r:d|d:-:-|-:-:d|r:r:r|f:-:s|l :-:f |s :l :d'|l:-:f|s:f|m|r:-:-|-:|
{ cuairteach' cathair an |Righ, 'B na |leanas an t-Uan do 'n| t-sluagh air thalamh, So'u |fìnaiu ni tairis an |cridh'.
mong high heaven's bright host; And all who would here live near to Jesus, That dear sound pleases them most.

O, 's beag a chaidh luaidh dhe bhuaidhean taitneach,
  Measg sluagh 's tu's maisich na cach,
'S tu's maisich na ghrian, 's tu miann nan cinneach,
  'S do bhriathran sileadh le gras;
Is tu meangan cliuiteach, ur, dh'fhas fallain,
  'S tu lub' gu talamh o ghloir;
'S an toradh a ghiulain thu, ma shireas,
  Gheibh Iudhaich 's cinnich dhe coir.

'Se ghaol a bha siorruidh riaraich sinne,
  Is Dia bhi leinne 's an fheoil;
Is cupan a ghaoil bhi taomadh thairis,
  'Se saor dha 'r n-anam ri ol;
Tha aimhnichean solais, ghlormhor, fallain,
  Tigh'n beo o charraig nan al,
So 'm flor-uisge beo chuireas ceol 's gach anam
  A dh'olas glan e mar tha.

Tha t ainm mar an driuchd, ni's cubhraidh na oladh
  'S o d'fhianuis thig solus is gras,
'S tha briathran do bheil mar cheir na meala
  Toirt sgeul d'ar n-anam air slaint'.
'S tu leomhann treubh Iudah, flur nan gaisgeach,
  'S tu dhuisg a mach as an uaigh;
'S bith' uainhdean do ghloir 'n an stol fo d'chosaibh
  'S do mhorachd marcachd le buaidh.

Oh! who can declare how fair and gracious,
  How rare and precious His worth?
That Branch of Renown with crown of blessing,
  Weighed down and pressing to earth,
The Faithful and True, the Dew on Sion,
  And Judah's Lion most strong,
The Arm of the Lord, the Word most glorious,
  With sword victorious o'er wrong.

The love He bestowed long flowed high swelling,
  For God was dwelling in flesh;
Those streams full and free that we inherit,
  The weary spirit refresh.
We joy in Thy sight, Delight of Nations,
  Whose might salvation has won,
Sweet Star, pure and bright, our night adorning,
  Our Light of Morning and Sun.

We praise Thee, O Lord, adored of heaven,
  Whose word has given us breath,
Thy greatness is ours, Thy powers unending
  Are towers defending from death.
O Mighty to save! all favour giving,
  Thou ever-living "I am,"
Creation shall raise loud praise resounding,
  For aye surrounding the Lamb.

From the hymn bearing this title by P. GRANT. The English, by L. MACBEAN, is not a translation, but imitates the expressions and poetical form of the Gaelic verses.

5—LAOIDH MOLAIDH—HYMN OF PRAISE.

D.C.

KEY C.
/:r |f :-.m |l :f |m :- |r :m |f :-.m |r :f.m |r :- |- \
A | Shlànuighear ro | ghlòr - mhor, | Mo | threoir ged bha | mi | mall,
Bu tu fear-stiùraidh m' òi - ge, Gu n' threòlreach anns gach ball;
O Lord, I sing Thy prais - es, Who art my strength and stay,
My lead - er through life's maz - es, To bring me to Thy way;

/:r.m |f :-.s |l :l |d' :- |l :l |d' :-.d' |r' :d'.r' |m' :- |- \
'S na'n d' fhag thu mi 's an uair sin, Bu truagh dhomh bhes is thall,
Thou didst not leave me stray - ing When I a - far would go,

/:m'.r' |d' :-.r' |d' :l.s |f :- |l :l.s |f :-.m |r :f.m |r :- |- ||
'S mi elulch air bruaich ain- eibh - inn, Is nach bu leir dhomh'u call!
With heed - less footsteps play - ing Up - on the brink of woe!

Oir dh'fhoillsich thu do gloir dhomh
'S bha mais' gu leoir 'u ad ghnuis,
'S nuair thuirt thu "Mair-sa beo" 's ann
Rinn m'anam sòlas ùr;
Is grian 's is sgiath do làthaireachd,
Is bheir thu gràs is gloir,
'S na gheibh bhi ann ad fhabhoir
Bheir thu dhaibh slainte mhor.

Mo charaid thu, na fàg mi,
'S an fhasach stiuir mo cheum,
Thoir neart a reir an la dhomh,
Na fàg-sa mi 's na treig ;
Is nuair ni tinn mo bhualadh,
'S nach dean an sluagh dhomh feum,
Dean thus' mo leabaidh suaimhneach,
A' cluinntinn luaidh ort fein.

Nuair thionnileas mo chairdean,
'S an uaigh 'g am charamh sios,
Bidh 'n uaigh 'n a leabaidh thamh dhomh,
Gus an la an tig thu ris ;
Bi dluth troimh ghleann a' bhàis domh,
'S a ghaoil, na fàg-sa mi
Gus 'ni faic mi ann ad ghloir thu
Fad shiorruidheachd mhor gun chrich.

For Thou, Thy glory showing,
Madest me Thy beauty see ;
Thy love has been bestowing
New life and joy on me.
Thou grace and glory givest,
Thou art a Sun and Shield,
Thou only ever livest,
Thy words salvation yield.

O Lord, do not forsake me,
But guide me as a friend,
And strong in heart still make me,
For what Thy love may send.
When seized by sore diseases,
Which no kind hand allays,
Make Thou my bed, Lord Jesus,
And hear me sing Thy praise.

When friends, with grief high swelling,
Have laid me 'neath the sod,
The grave shall be my dwelling,
Until the day of God.
Through death's dark vale victorious,
Oh, let me lean on Thee,
And let me see Thee glorious,
Through all eternity.

Words from a sacred song by P. GRANT. Translation by L. MACBEAN. The melody has not been printed before.

6—AN T-AITE BH' AIG EOIN—WHERE JOHN LAY.

KEY E♭.

's i | nigh-ean Shi - on's | fearr dheth, 'si | fh air am fa - bhoir | mor, . . | Bhi | tigh inn as an
How | blessed Si - on's daugh - ter, who | leaneth by the way | Upon her strong Be-

fhasach, is | Fear a graidh 'na | coir, . . Cha'n | iarrainns' tuille | fa - bhoir no
lov - ed, her nev - er - failing stay | It is the greatest bless - ing for

gras an tir nam | beo, . . Ach | buidh air uchd | n t-Slan'gheir, an | t-ait' anns an robh | Eoin.
which I ev - er pray, . . To lean on Jesu' bo - som, where John at supper lay.

Bhiodh am broilleach blath sin 'g am arach 's bhithinn beo,
Le neart nam briathran grasmhor ri'n iarraidh b'fhearr na'n t-or,
Bhiodh m'anam air a shasach le pairt de'n aran beo,
'Nuair gheibhinn bhi fo sgail-san, an t-ait anns an robh Eoin.

Cha b'eagal leam an tra' sin gach namhaid th' air mo thoir,
'S gu'm b'e do ghairdean grasmhor mo neart, mo shlaint 's mo threoir,
Cha sgaradh beath' no bas mi gu brath o ghaol co mor,
Bha cordan graidh co laidir 's an ait' anns an robh Eoin.

'S nuair dh' fhailnicheas mo bhuaidhean 's mi dol thoirt suas an deo,
Cha dean Righ nan Uamhas mo sgaradh uat 's thu beo,
Nuair bhies mo chridhe failinn 's mi fagail gleann nan deoir,
Bu mhath an leabaidh bhais sud bhi anns an ait' bh'aig Eoin.

'S ma dhuisgeas mi 'n a lonmhaigh fo dhion 's an latha mhor,
'Se fein 'n a sgail 's 'n a ghrian domh, 's mi riaraichte gu leoir,
Chaithimse an t-siorruidheachd 's cha'n iarrainn tuille gloir,
Ach suidhe sios fo sgail 's an ait' anns an robh Eoin.

Then would that loving bosom my trembling form enfold,
I'd hear His words most gracious, more precious far than gold ;
I'd feed on living bread, and His loving face behold,
When laid beneath His shadow where John reclined of old.

Nor death nor life could tear me from love so leal and long,
When hidden there I'd fear not the enemy's angry throng,
For then the strength He wieldeth would all to me belong,
And oh ! where John was lying the cords of love are strong.

And when my life is ebbing, my earthly journey o'er,
Thy love shall never fail me when terrors press me sore,
When passing through the valley whence I return no more,
Oh, happy were my death-bed where John reclined of yore.

If I waken in Thy likeness when Thy great day has shone,
With Thee for sun and shield when the earth and seas are gone,
Oh, this is what my heart would be ever set upon,
To sit beneath Thy shade in the place Thou gav'st to John.

Hymn by P. GRANT ; translation by L. MACLEAN. Tune noted down for this collection from a Gaelic singer.

7—AM BÀS—DEATH.

Solemnly.   D.C.

KEY f : s₁ | s₁ : l₁ : d | r :-: f | s :m :d | r :-: s | m : r : d | l₁ :-: f₁ | s₁ :-:- | d :-
A

'Se mo bheachd ort, a Bhais, Gur brais' thu ri pairt, 'S gu teachdaire laid · ir tréun thu.
An cogadh no'm blàr Cha toir-ear do shàr, 'S aon duine cha'n fhàir do threig · sinn.
O Death, thou art still A herald of ill, Thy grasp, hard and chill, ne'er fail · eth;
Where warri · ors fight Thou showest thy might, To shun thee no flight a · vail · eth.

f :m | f :m :f | s :-: s | l :s :m | r :-: d | f ·m :f | s :-: f | m :-:- | s :-

Ach 's teachdair ro dhàn Thu tighinn os àird, Oir buailidh tu stataibh 's deire · ean,
O messenger drear, No pity or fear Saves peasant or peer before thee;

f : s | l :s :m | s :-: m | r :m :d | r :-: s | m : r : d | l₁ :-: f₁ | s₁ :-:- | d :-

Cha bhacar le pris Air ais thu n ris 'S tu dheasbhuidh an ti mn'n teid thu.
For gold and for gain Thou hast but disdain, And victims in vain implore thee.

Glacaidh tu chloinn,
A mach bho na bhroinn,
Ma's faic iad an soills' air eigin ;
Glacaidh tu 'n oigh,
Dol an coinnimh an oig,
Ma'm faodar am posadh eigheachd ;
Ma's beag no ma's mor
Ma's sean no ma's og,
Ma's cleachdadh dhuinn coir no eucoir ;
Ma tha sinn 'n ar beo,
Is anail 'n ar sroin,
Cuirear uile sinn fo na feich ud.

A Chumhachd a tha
Cur h-ugainn a' bhais,
Gun teagamh nach paighear fheich da,
Tha misneach is bonn
Aig neach a tha 'n geall
Air tagradh na gheall do bheul da.
Oir 's Athair do chlann
A db' fheitheas a th' ann,
'S fear-taighe do'n bhantraich fein e ;
'S e'n Cruithear a th' ann,
A bheir gu neo-ghann,
Na thoilleas sinn anns a' chreutair.

The babe at its birth,
Ere sorrow or mirth
It knows upon earth, thou takest ;
For the maid to be wed,
Ere to church she is led,
An eerisome bed thou makest.
If old or if young,
If feeble or strong
In wisdom or wrong and error ;
If small or if great,
Whatever our state,
We have the same fate of terror.

O Power, from whom
Our sorrowful doom
Of death and the tomb descendeth,
How happy is he
Whose confident plea
On Thy promises free dependeth !
Our Father Thou art,
The widow's sure part,
Ne'er shall Thy support forsake her ;
All good is bestowed,
All favour is shewed
By our bountiful God and Maker.

Words selected from an elegy by ROB DONN ; translated by L. MACBEAN. The air is also by ROB DONN, and was published in *Popular Gaelic Melodies*, 1877.

8—AIDEACHADH—CONFESSION.

KEY E♭.

	1 :1	d' : -.t	1 :1	s : -.s	f :s	1 :t	d' :t	1 :-.
	O! Thighearn'	is a Dhia na	glòir,	An t-Ard-Righ	mór os ccann	gach	sluaigh,
	O God of	glo - ry, great a - dored,	Above all	nations	mighty	King!	

	1	d' : r'	m' : -.r'	d' : t	1 :f.m	f :s	1 :f.r	d :t,	l, :-.
	Cia dàna	nl	air t-ainm ro	mhòr	Le bilibh	neò-ghlan	bhi 'g a	luaidh !
	How dare my	lips,	un - ho - ly,	sing	Thy high and	ho - ly	name, O	Lord?

Am beachd do shùilean fìorghlan féin,
Cha 'n 'eil na reulta 's airde glan;
'S cha 'n 'eil na h-aingle 's naomha 'n glòir,
'An làthair do Mhòrachdsa gun smal.

Ach O an dean thu t-isleach' féin,
A dh'éisdeachd cnuimhe anns an ùir !
Fo stòl do chois a' gabhail tàmh,
'S nach faic ach sgàile beag do d' ghnùis.

Na lasadh t-fhearg O Dhia nan dùl,
Am feadh a dheanam ùrnaigh riut:
'S mo pheacadh aidicheam le nàir,
'S an truailleachd ghràineil anns 'n a thuit.

Mo chiont tha mar na sléibhte mòr;
Is leòn iad mi le iomadh lot:
Ta m'anam bochd le 'n cudthrom bròit,
'S o m' shùilibh fasg' nan dèura goirt.

Gach uile mhallachd a ta sgrìobht,
A t-fhacal fìor le bagradh t-ann,
O Thighearn thoill mi aig do làimh,
Gu'm biodh iad càrnaicht' air mo cheann.

Ged dh' fhàs na nèamhan dubh le gruaim,
'S mo bhual' le tairneanaich do neirt
Ged thilg thu mi gu ifrinn shìos,
Gu slorruidh aidicheam do cheart.

Gidheadh am feud an lasair threun
A sgoilteas as a chèil an tuil ;
Dròghadh orm troimh ùmhlachd Chrìosd,
'S mi gabhail dìon a steach fo 'fhuil?

Dean m' ionnlaid glan, O Dhia na sìth,
'S an tobair ìoc-shlàint bhruchd a thaobh,
A bheir dhomh beatha as a' bhàs
'S o m' thruaillidheachd a ni mi saor.

Seen by those purest eyes of Thine
How dim the stars of brightest sheen !
The holiest angels are unclean
Before Thy majesty divine.

But, oh ! wilt Thou Thyself abase
To hear an earthly worm like me.
Beneath Thy footstool, who can see
But dim reflections of Thy face ?

Lord, when I make my prayer to Thee,
When I my sins with sorrow tell,
And vileness into which I fell,
Let not Thy wrath enkindled be !

My guilt like mountains high appears,
That crush my soul beneath their weight,
It has me pierced with sorrows great,
And from mine eyes brought bitter tears.

The threatenings and the curses dread
Found written in Thy Word, O Lord,
My sins deserve they should be poured
In all their terrors on my head.

Although the skies grew black with gloom,
And all Thy thunders on me fell,
And Thou shouldst cast me down to hell,
I would admit the righteous doom.

But can that flame that licks each flood
Have any power over me,
If Christ's obedience be my plea,
And I am sheltered by His blood ?

Oh, wash me wholly, God of peace,
In healing waters from His side ;
Life from His death shall these provide,
And me from filthiness release !

Words from DUGALD BUCHANAN'S "Prayer;" translated by L. MACBEAN. The tune has not been published before.

9—ORAN DO'N T-SAOGHAL—THE WORLD.

KEY B♭.

.s₁	d .d :l₁ .s₁	d :s₁ .s₁	d :r .,m	d :- .r	m .m :d .m
Is	fhad a rinn thu,	shaoghail,	Mo shlaodadh	mu'n cuairt,	Mo chumail o'n Fhear-
O	world! thou long didst chain	me,	Fast bound	to thy wheel,	From Jesus to re-

s :m .r	d :m .,f	s :- .s	f .f :l .f	s :m .d
shaoraidh 'S a	ghaol fho'ach	uam; Nam	faighinn-sa de'n	ghaol sin Na
strain me, His	love to	conceal; If	freed from thy	de - stroy - ing Re-

s :m .,d	r :- .r	d .d :l₁ .s₁	s₁ :l₁ .d	m :f .,r	d :-.
shaoradh mi	uat,	Bhiodh m' inntinn tighinn	beo Air	a' ghloir sin tha	shuas.
straints by	that love,	My heart would be	en - joy -	ing The peace from	above.

Bhiodh m' inntinn 's mo mhiann
Air an Dia sin tha beo,
An oighreachd a tha siorruidh,
'S a ghrian tha gun neoil,
Au tobair o'n tig slaint'
Agus gairdeachas mor,
'S a ghairdean nach failinn
'S e Ard-Righ na gloir.

Nam faighinn tuille fabhoir
Is gràs bheireadh buaidh,
Bhiodh m' inntinn a' tamh
Anns an aros tha shuas,
Ged bhithinn anns an fheoil
Bhiodh mo dhochas gu buan
Ri aon latha mor
Anns nach comhlaich mi truaigh.

Nam faighinn tuille naomhachd
Is saorsa o'n Uan,
'S tuille de 'n a ghaol sin
A shaor mi o thruaigh
Thaisginn mo chuid oir
'S an tigh stoir sin tha shuas
Far nach goid na meirlich
'S nach cnamh e le ruaidh.

My mind would be ascending
To heaven's Highest One,
The Kingdom never ending,
The bright cloudless Sun;
Salvation's founts unfailing,
Whence joys ever spring,
The right arm all-prevailing,
The great glorious King.

If love to me were given,
And overcoming grace,
My thoughts should be in heaven,
In God's holy place;
And though in flesh remaining,
My hopes still should be,
For that day ever straining,
That brings bliss to me.

If I were made more holy,
And more free by Christ,
More pure and true and lowly,
By His love unpriced,
My hopes in Him should centre,
My wealth should be stored
Where thief nor rust can enter—
The stores of the Lord.

From P. GRANT'S hymn; translation by L. MACBEAN. The air belongs to this hymn, and was noted down for the present collection

10—CUIREADH CHRIOSD—CHRIST'S INVITATION.

KEY D.

```
:d |m :f |s :-.d|d :r |m :-.f|s :m |f :-.r|d :- |- :d |m :f |s :-.s
```
Tha daoine taghta ann le Dia, D'an d'thug e riamh a ghradh, Ged tha iad ciontach,
God has His chosen ones for whom His love flows full and free, Though they deserve a

```
|d' :m |f :-.f|m :m :f :-.r|s :- |- :s |s :f |m :-.s|l :s |d' :-.f
```
caillte, truagh,'S co truaillidh ole ri cach, Tha tagha Dhia 'n a uaigneas mor, Nach
sinner's doom, And poor and wretched be. God's choice is still a hidden thing, To

```
|m :m |f :-.l|s :- |- :s |d' :l |s :-.d|d :r |m :-.f|s :m |f :-.r|d :- |-
```
eol do dhuil fo'n ghrein; Cha riaghailt dleasnais e do neach, Ach reachd is soisgeul Dé.
sons of men unknown; The Law and Gospel of our King Must be our rule alone.

Tha cuireadh Chriosd 'n a fhacal fein,
  'S o bheul a theachdair, caomh,
'Nuair ghabhar e 'n a aobhar-earbs'
  D'ar n-anniaibh falamb faoin ;
Co daingean is co dearbht' le cheil'
  'S ged leughanaid 's an uair
Ar n-ainmeana gu leir fa leth
  An Leabhar Beath' an Uain.

Theid neamh is talamh thart gun cheisd,
  Ach seasaidh facal Chriosd ;
A pheacaich, eisd r'a chuireadh reidh
  'S gabb e le creideamh fior—
"O thigibh h-ugam-sa gach aon
  Ta saothrachadh 's fo chlaoidh,
A ta fo eallach throm 's fo chuail
  Is bheir mi suaimhneas duibh.

"Mo chuing-sa ceanglaibh ribh gu teann,
  Is ionnsaichibh mo dhoigh ;
Oir ta mi macant' agus min
  An cridh' 's an cleachdadh fòs ;
Is eirmisidh bhur n-anama truagh
  Air snaimhneas is air sgeimh ;
Oir ta mo chuing-sa socrach caomh
  Is m'eallach aotrom seamh."

Christ's invitation, full and free,
  By Book and voice conveyed,
When once accepted as our plea,
  On which our hopes are laid,
In spite of sin and inward strife,
  We may as firmly claim,
As if within the Book of Life
  We each could read our name.

Though heaven and earth shall disappear,
  Christ's word abideth sure ;
His loving call, O sinner, bear,
  And blessedness secure—
"Come unto Me, ye weary ones,
  Who labour sore oppressed ;
Come, all men's heavy-laden sons,
  And I will give you rest ;

"Take up My yoke, and learn of Me
  The lessons I impart ;
My meek and gentle spirit see,
  And lowliness of heart ;
So shall your souls for ever live,
  At rest from toil and care ;
For easy is the yoke I give,
  My burden light to bear."

From a hymn by Dr. M'GREGOR. Translation by L. M. The air appeared in the *Gael*, to JOHN MORRISON'S
hymn, "Maise Chriosd."

11—FULANGAS CHRIOSD—THE SUFFERINGS OF CHRIST.

KEY C.

| s .s : - | s :-.l | t :-.r | r :-.r | s :-.s | t :-.t | t .] :- | - :t | s .s :- | s :-.s |

'S e fulang - as mo Shlannigheir A bhith's mo dhan a luaidh, Mor-irios — lachd an
The sufferings of my Sav - iour I cel - ebrate and sing, The birth and meek be-

| m! :-.r! | r! :-.m! | r! :-.t | l :-.r | m :- | - :t | r!.r!: - | m! :-.f! | s! :-.t | t :-.t |

Ard-Righ sin 'N a bhreith 's 'n a bhàs ro chruaidh, 'S e'n t-iongantas bu mhiorbhuilich, Chaidh
haviour, And dying of the King. Oh, wonder most in-scru-ta-ble That

| r! :-.t | l :-.s | m :-|-:r | s :-.r | m :-.s | m! :-.r! | r! :-.m! | r! :-.d! | t :-.l | l :- | - |

innse riamh do'n t-sluagh, An Dia bha ann o shiorruidheachd Bhi fas 'n a Chlochran truagh !
human tongue can name, Th' E-ter - nal and Im-mu - ta - ble A suckling Child became !

'Nuair ghabht' am broinn na h òighe e;
Le còmhnadh Spioraid Dé,
A chum an Nàdur Daonna sin,
A dheanamh aon ris féin;
Chabh e sgàil mu Dhiadhaidheachd
'S de'n BHRIATHAR rinneadh feòil,
Is dh' fhoillsich an rùn diomhair sin,
Am pearsa Chriosd le glòir.

Rugadh 'an stàbull diblidh e,
Mar dhilleachdan gun treòir ;
Gun neach a dheanadh càirdeas ris,
No bheireadh fàrdoch dhò,
Gun mhuinntir bhi 'g a fhuithcaladh,
No nidheam mar bu chòir ;
Ach eich is daimh'g a chuartachadh
D' an dual gach uile ghlòir.

Bha tuill aig na sionnachaibh
Gu'm falachadh o theinn ;
Bha nid aig na h-eunlaithe
An geugaibh àrd nan crann ;
Ach e-san a rinn uile iad,
'S gach nì 's a' chruinne ché,
Bha e féin 'n a fhògarach,
Gun chòmhnaidh aig fo'n ghréin.

Conceived in pure virginity
By God the Spirit's might,
He deigned with His divinity
Our manhood to unite ;
He took on corporeity
And flesh the WORD was made,
The mystery of Deity
In Jesus was displayed.

His birth was one of lowliness
Within a stable bare,
Which He, the Lord of holiness,
With cattle had to share.
No retinue attended Him
In robes of brilliant hue,
No tender hand befriended Him
To whom all love is due.

The foxes had their hiding-place
Where they could safely rest,
The birds their own abiding-place
In tall tree-tops possessed ;
But He, whose liberality,
Gave them and all things birth,
Was needing hospitality—
A fugitive on earth.

Hymn by DUGALD BUCHANAN. The air is that sung in Rannoch, where the hymn was composed. It was contributed to this collection by a native of that district.

12—ORAN MU LEANABH OC—A CHILD IN HEAVEN.

KEY C.

s .s	l	:s	:l	d'	:-	:s .s	l	:l	:d'	s	:-	:s .l

Bha mi'm chadal gu blath Ann am fasgadh mo mhath'r, I 'g am

lay warm at rest On my mother's dear breast, And her

d'	:d'	:m'	r'	:d'	:m'	r'	:-	:s .l	d'	:t	:d'	m'	:-	:r' .d'

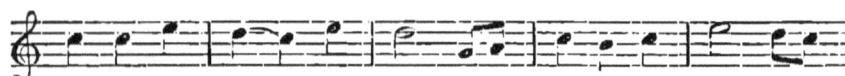

phasgadh 's a lamh fo mo cheann, Thainig teachdair a bhàis, Thuirt gu'n

arm held me pressed to her side, When Death's herald came nigh To

d'	:l	:d'	s	:-	:s .s	l	:d'	:m'	r'	:-	:d'	d'	:-

siubhlainn gu'n dail, 'S nach robh fuireach no tàmh domh ann.

call me on high, And no longer could I a · bide.

Dhuisg mo mhathair le gaoir,
'S thuirt i "M'ailleagan gaoil,
Ciod dh'fhairich thu? Cha'n fhaod thu falbh!"
Rinn i greim orm cho teann,
Cha bhitheadh dealachdainn ann,
'S mo chridhe cho fann 's mi balbh.

'Nuair dhuin iad mo shuil
Thainig ainglean na cùirt,
'S thug iad mis' leo cho dluth 's cho luath;
Chaidh sinn troimh na glinn dorch'
Far nach bu leir dhuibh bhur lorg,
Ach thainig sonas nis orm bhitheas buan.

Nam faiceadh m'athair 's mo mhath'r
Meud mo shonas 's an ait' s'
Bhiodh iad toilicht gun d'fhag mi'n saogh'l;
'S bhiodh gach latha mar bhliadhn'
Gus am faigheadh iad triall,
Gu co-chomunn ta siorruidh buan.

Tha cuid so as gach ait'
Air an tional le gras,
As gach treubh agus pairt de'n t-sluagh,
Ach 's ann aca tha'n gaol
Nach robh 'n leithid measg dhaoin'
'Nuair a bha iad 's an t-saoghal thruagh.

'S ann 's an ait' so tha'n ceòl
Nach teid mhasgadh le bròn;
Tha e fantuinn 'n a oran nuadh,
Cliu is onoir is gloir
Do'n ti bha marbh is tha beo,
A shaor sinne o'n doruinn bhuan.

She awoke with a start,
Crying, "Love of my heart!"
What ails thee? Thou art not dead!"
And she fondled me so,
She would not let me go
Till my life, ebbing low, had fled.

When they closed my young eyes,
Angels came from the skies,
And they made me to rise above;
Oh, swift was our flight
Through the valleys of night,
And I now dwell in light and love.

Could my parents conceive
What joys I receive,
They never would grieve for me;
They would long to appear
With the holy ones here,
Where such fellowship dear can be;

Saints from many a place
Assembled by grace,
From each nation and race below;
And such love in them swells
As on earth never dwells,
And pure gladness dispels their woe.

Free from discords of pain,
We hear the sweet strain,
Which shall ever remain a new song;
A new song which we raise
To our Saviour always,
To whom honour and praise belong.

Hymn by P. GRANT; translated by L. MacLEAN Melody written down from a native of Strathspey.

13—MORACHD DHÈ—THE GREATNESS OF GOD.

KEY F.

(. s₁ | d :-.d | s : s₁ | d :-.r | m :-.d | m :-.m | s :m | m :-.r | m :-.d | m :-.m | r : s₁)
(Co | chuartaicheas do | bhith a Dhè! | An | dòimhne' shluig ga-h | reusan suas; 'N an | oidhirpibh | tha)
Who can | Thy being, Lord, contain? | That deep where reason's | efforts sink; | Angels | and men are

{|d :-.d | r :-.d | s₁ :-.d | d :m | r :-.d | d :-.s₁ | d :-.d | r :m | s :-.s | l :-.s|
{ aingle 's daoin' Mar | shligean maoraich | glacadh chuain. O | bhith-bhuantachd tha | thus' a'd Righ 'Sni |
shells that fain Would all | the mighty | ocean drink. Thou hast been King, O | God, for aye; Thy

{|d :-.d | r :m | d' :-.l | s :-.s | s :-.r | m :s | l :-.s | s :-.s | d :-.r | m :s | r :-.d | d :-.||
{ bheil 'ann t-saogh'ls' acli | nl | o'n dè; | O 's | beag an eachdraidh | chualas dìot, 'S cha | mhòr do d' ghnìomh a | ta fo'n ghréin. ||
history has been | lit | tle told; | This world is but | of | yesterday; | Few of Thy deeds can | we behold.

Ge d' thionndadh 'ghrian gu neo-ni rìst,
'S gach ni fa chuairt a soluis mhòir ;
'S co beag bhiodh t' oibre 'g ionndrainn uath,
'S bhiodh'n cuan ag ionndrainn sileadh 'mheòir.
An cruthach' cha dean le uile ghlòir,
Lan-fhoillseachadh air Dia nam feart;
Cha 'n 'eil 's na h-oibre ud gu léir,
Ach taisbean earlais air a neart.

Le'r tuigse thana 's diomhain duinn
Bhi agrùdadh 'chuain a ta gun chrloch ;
An litir 's lugha dh' ainm ar Dé,
Is tuille 's luchd da 'r reusan ì.
Oir ni bheil dadum coltach riut,
Am measg t'uil' oibre fein gu leir,
'S am measg nan daoine ni bheil cainnt
A dh' innseas t' ainm ach t' fhacal fein.

The sun and all things that exist
Within its circling light, would be
From Thy vast works as little missed
As tiny drop from brimming sea.
Creation, glorious though it be,
Brings not the power of God to light,
For all His works that we can see
Give but an earnest of His might.

Our shallow minds in vain explore
This fathomless and shoreless main ;
One letter of God 's name is more
Than human reason can sustain.
Nought is there like Thyself among
The works which Thou of old didst frame;
Nor is there speech on human tongue,
But Thine own Word, can tell Thy name.

Verses by BUCHANAN ; translated by L. M. The air is said to be an old " Oran Sith," or fairy melody.

14—EARBS' A CHRIOSDUIDH—CHRISTIAN CONFIDENCE.

Slow and with feeling.

KEY f.1, |1, :1, |d :-.d|s, :m, |s, :-.1,|d :t, |1, :-.t,|d :r |m :-.
B♭. Dhia, dean mo phlanndach ann an Criosd, 'S mo chrionach bristidh mach le blath,
Lord, if Thou plantest me in Christ, In bloom shall burst my withered tree,

{.m |s :m |r :-.d |r :m |s, :-.s,|1, :d |m :-.r |d :t, |1, :-. ||
Is hi'dh gach subhaile 's naomha gleus Mar mheas a lùb mo gheug gu thr!
Weighed down to earth its boughs shall be, With graces as with fruits unpriced!

Mo smuaintean talmhaidh tog gu nèamh,
Is thoir dhomb earlas air do ghràdh,
A dh' fhògras m' eagal uile uam,
'S a shaoras mi o uamhunn bàis.

'N sin atadh tonnan borb a' chuain,
Is beucadh torann chruaidh nan speur ;
Thigeadh crith-thalmhuinn, gort, is plàigh,
Bhios 'roinn a' bhàis gach taobh a thèid.

Bi thus' a'd Dhia do m'anam féin,
'S bi'dh iad gu léir dhomh 'n càirdeas gràidh ;
Cha loisg an tein' gun òrdugh uat,
Cha sluig an cuan, 's cha sgrios a phlàigh.

Am feadh bhios cumhachd ann ad làimh,
Bi'dh mise sàbhailt' o gach olc :
'S cha 'n eagal leam gu 'm bi mi 'n dìth
Gu siorruidh no gu 'm fàs thu bochd.

Mo dhùrachd, m' eagal, 's m' uile mhiann
A'm Dhia tha còmhlachadh gu léir ;
Oir nèamh, is talamh, 's a ifrinn shlos,
A ta iad do mo Rìgh-s' a' géill'.

Oh, grant an earnest of Thy love,
Which shall me from life's terrors save,
And all the horrors of the grave,
And raise my thoughts to heaven above.

Then let the billows rise in pride,
Let thunders through the heavens roar,
Come earthquakes, plagues, and famines sore,
Dispensing death on every side ;

Be Thou the God of my poor soul,
Their friendship I shall then enjoy ;
No sea can drown, nor plague destroy,
Nor fire burn, but with Thy control.

While Thou hast power in Thine arm,
From every ill I am secure,
And as my God can ne'er be poor,
Want cannot cause my soul alarm.

My hope, desire, and fear for aye
Shall in my God concentred dwell,
For heaven and earth and lowest hell
Shall my Almighty King obey.

Words from BUCHANAN'S " Prayer." The tune is a common Gaelic air adopted. A version of it appears in the *Celtic Lyre.*

15—GRADH M' FHEAR-SAORAIDH—MY SAVIOUR'S LOVE.

KEY B♭.

:l₁ :l₁,,l₁ | l₁.s₁ :m₁,,m₁ :d .,d | t₁ : t₁.t₁:d .l₁ | s₁ : l₁,,l₁: t₁.t₁ | l₁ :-. |

'S e gradh m' Fhir 'saor - aidh a bhios 'n a cheol dhomb, 'S ann air bu choir dhomh bhi deanamh sgeul;

My Saviour's love shall be still my sto - ry, It is my mu - sic while here below;

S.

FINE.

:t₁ :d .,l₁ | l₁ .s₁ :m₁,,m₁ :d .,d | t₁ : t₁.t₁ :d .l₁ | s₁ : l₁,,l₁: t₁.t₁ | l₁ :-. ||

O'n 's e thug coir dhomh le fhuil a dhortadh Air saorsa ghloirmhor a chloinne fein.

'S 'nuair theid mi dhachaidh a gleann nan deoir so 'S e sud mo cheol anns an t-saoghal chein.

He bought me freedom and life and glo - ry, And by His death saved my soul from woe.

And when I leave from this vale de-part - ed, 'Twill be my so - lace for aye above.

D.S.

:l₁ :d .r | m :m .l₁ : t₁.d | r : r .t₁:d .,r | m :m .r :d .t₁ | l₁ :-. |

'S e sud an t-oran a bheir dhomh solas Cho fad's is beo mi 's a chruinne-ché;

What can console me when heavy - hearted, But this sweet song of His gracious love?

Tha mi an dochas a dhol 'n a chodhail
Anns na neoil 'nuair a thig e fein,
'S ni'n sealladh mor sin de aghaidh ghloirmhor
Na h-uile bron a chur uam is deur.

Tha doimhne's aird' ann an gradh an t-Slanuigh'r
Nach gabh aireamh no cur an ceill;
Ach chi sinn moran 'n a bhreith 's 'n a bhas deth,
Is chi sinn pairt deth's 'n a h-uile ceum.

Bu Duine bronach air iomadh doigh e,
O 'n uair a thoisich a thurus sgith;
Air son a ghraidh thug iad fuath gu leoir dha,
'S bha iad 'g a fhogradh o thir gu tir.
Le meud a ghairdeachas ann ar slainte
Choir e an naire ann an neo-bhrigh;
'S le meud a ghraidh dhuinn ghabh e ar nadur
A chum ar tearnadh o'n t-slochd is isle.

Anns a cheart nadur's 'n a pheacaich Adhamh,
'N uair thug e'm bas air a shliochd gu leir,
'S ann rinn an Slanuighear gach ni an aird
'S an lagh rinn ardach le umhlachd fein, [dbeth,
'S a chum ar tearnadh o chumhachd bais
Leig e bheatha mhan, deanamh 'n aird na reit';
Is chum a bhraitbrean a thoirt gu Parras
Dh' fhuiling e 'm bas air a chranna-cheus.

My sweetest hope is at last to meet Him
When in the clouds His blest form appears;
That sight most glorious, when I shall greet Him,
Shall wholly banish my griefs and tears.
The love of Jesus, that boundless treasure,
Has depths and heights that can ne'er be known;
Its strong endurance we ne'er can measure,
Though in His sufferings so much was shown;

A Man of sorrows, with none to aid Him,
The scoff and scorn of an evil race,
Who for His love with fierce hate repaid Him
As they pursued Him from place to place;
But such His joy in our soul's salvation,
That He despised all the pain and shame,
And to redeem us from condemnation,
He in the nature of sinners came.

In that same nature that we inherit
From our first father, all stained with sin,
Did Jesus' sufferings, His life and merit,
A great salvation for sinners win.
To reconcile us His flesh was riven
From death to save us He came and died
And to bring brethren from earth to heaven
He bore our sins and was crucified.

Hymn by P. Grant; translation by L. MacBean. The air was obtained for this collection from a Gaelic singer

16—GEARAN NAN GAIDHEAL—THE CRY OF THE GAEL.

KEY C.

'San t-seann seanachas bha Gaidheil ainmeil, Measg dhaoine b'ainmig an leithid ann,
In ancient stories the Gael were glorious, And oft vic-tor-ious in fields of fight;

Le gaisg is crundal, is creach air uairibh, 'S bha'm fuil cu uaibhreach toirt buaidh dhaibh ann
Their strength was proudest, their war-shout loudest, And war and plunder was their delight;

Gun tuigs' gun chlaíl ac' mu thimchioll siorr'achd 'S cha chual iad diadhachd bhi idir ann,
But in their rudeness they knew not goodness, No godly fear in their hearts was found,

Ach baist' is posadh is suidh aig orduigh'n, B'e sud an dochas a bha 'n an ceann.
Though they were christened, and sat and listened At high communions when they came round.

Bhitheadh eagal mor orra ro' na bocain,
'S iad faicinn moran diubh nach bitheadh ann,
Bhitheadh gisreag's orraichean is seachnadh
chomblaichean
Is moran seolaidhean faoin'n an ceann.
An sluagh gun churam rachadh's na cuiltean,
Mar theid na bruidean a ghabhail tamh,
Gun leughadh, gun urnuigh, gun seinn air cliu dha,
'S b'e sud an dachas bha measg nan Gaidheal!

A Righ nan Sluagh! 's e's fearr 's an uair so,
Bhi sealltuinn suas riut a'd ionad tamh ;
'S mar eisd an sluagh ruinn, a Righ, gabh truas
'S ar gearan truagh thigeadh ann do lath'r ; [dhinn,
O'n tha thu beo, is gur toigh leat trocair,
Thoir duinne colas, 's ann air do ghràs.
Ach cia mar labhradh sinn air an doigh sin?
'S ann air do mhòrachd a rinn sinn tair.

Ach c'ait' an teid sinn, no co ni feum dhuinn?
Cha'n'eil fo'n ghrein na ni dhuinn sta,
Ach Uan Dé o'n 's e phaigh an eiric
Le meud an eifeachd a bha'n a bhas.
Ma gheibh sinn sgeul air's gun dean sinn feum
'S gun dean thu eisdeachd ruinn air a sgath,[dheth,
Bidh sinn fo dhion's theid sinn as o phiantaibh,
A seinn gu siorruidh air cliu do ghràis.

With minds in error, they thought with terror
Of shapes unearthly and dark alarms,
But sought salvation in incantation
In spells unholy and mystic charms.
A people careless, profane and prayerless,
Were like the beasts in the dewy dale ;
No Bible reading, no praise or pleading—
Such was the custom among the Gael.

O King of Nations ! our supplications
Are now directed unto Thy throne;
Lord, in Thy kindness, remove our blindness,
For all our hope is in Thee alone !
Thou only livest, Thou pardon givest,
Oh, do Thou show us Thy gracious face;
Forgive us wholly the sin and folly
That dared despise all Thy love and grace.

For God who made us alone can aid us,
We have no helper but Thee alone ;
'Tis only Jesus that can release us
Through the redemption that He has won.
If we believe Him and so receive Him,
And Thou shalt hear us through His dear name,
Thy wings shall hide us whate'er betide us,
And we shall ever Thy praise proclaim.

From the hymn by P. GRANT; translated by L. M. The tune to which it is sung has been noted down for this collection.

17—ASLACHADH AIR SON BEANNACHD—SUPPLICATION FOR BLESSING.

Dhia	bheo!	Righ	na gloir!	Thoir cluas.	Beannaich clann	nan daoin
O	Lord!	Most	adored!	Ac - cord	blessing to	mankind,

KEY A.

$$s_1:-:-|d:-:-|l_1:-.s_1|l_1.t_1|d:-:l_1.s_1|s_1:-:-|m:-:s|r:-.d:r.m|d:-:-$$

Suidhich	sith;	fo	gair strith	is fuath;	Lion gach cearn	le gaol.
Pub - lish	peace,	make	strife cease,	Increase	Love men's hearts	to bind.

Dhia mhoir! Righ nan slogh!
   Thoir cluas.
Beannaich clann nan Gàidh'l.
Islich uaill, 's daoine truagh
   Tog suas,
Buin-sa riu le bàigh.

Dhia naoimh! Athair chaoimh!
   Thoir cluas.
Beannaich sinn tha'n làth'r.
Bi ruinn dlùth anns gach còis
   Is nair;
Riaraich oirnn do ghràs.

Great King! Hear us sing!
   Oh, bring
Blessing to the Gael.
Humble pride; help provide;
   Them guide;
Make the right prevail.

Most High! Hear our cry!
   Be nigh
All before Thy face.
Oh, do Thou bless us now;
   Endow
Us with strength and grace.

Hymn by M. MACFARLANE, Paisley. Translation by L. M. The tune is an ancient melody known as "Uaigh a Bhaird"—The Tomb of the Bard. Harmony by W H. MURRAY, Glasgow.

18—COIGRICH—STRANGERS.

KEY B♭.

{ :l₁.d | t₁ : s₁ : l₁ | m :- : r.m | s : l : s | m :- : l₁.d | t₁ : s₁ : l₁ | f :- : r | m :- :- |-:- }
O is | màthach dhuinn gluas'd, | agus | siubhal gu luath, | Cha bhi'n laithean ro bhuan | fo'n ghrein ;
Let us | ever press on, | for our life is soon gone, | Oh, swiftly our moments fly ;

{ :m .m | r : d : r | m :- : m.f | s : m : m | r :- : l₁.d | t₁ : s₁ : l₁ | d :- : t₁ | l₁:- :- |-:- }
'S coigrich | sinn le luchd cuairt, 'g iarraidh 'n | duthaich tha shuas, | Tha ar | dachaidh 's ar duais | air | neamh.
Though as strangers we roam, | we are seeking a home | In our Father's dear land | on high.

'S fasach ulartaich, truagh, anns am bheil sinn
air chuairt,
Cha'n'eil fois dhuinn no suaimhneas ann,
Ach tha'r suilean riut fein, tha air neamhaibh
nan speur,
Thoir oirnn gu'n ruith sinn an reis gu ceann.

'S ann tha sinn 's an uair s' mar long air a chnau,
Measg nan tonn a ta uaibhreach àrd,
Ach 's treise'n Ti sinn tha shuas na tuiltean
dhroch sluaigh,
'S tu chaisgeas am fuaim nuair is àill.

'S tu bheir ardan an gnùis gu tamh ghabhail 's an
uir,
'S theid an aillteachd air chùl gu leir ;
Ach do phobull bochd bruit, bith' tu fein air an
cùl,
'S le do ghràs ni thu 'n stiuireadh 's gach ceum.

O stiùir sin le d' ghràs gus an ruig sinn an t-àit'
Anns am bi sinn gu sabhailt beo,
Far nach bi sinn 'g ar luasgadh dol thnige is uaith
Mar long air na cuantaibh mòr.

Through a wild world of woe all weary we
go,
No joy have we here or peace,
But we trust in Thy love, who rulest above,
For strength till our toils shall cease.

Sore troubled are we, like a ship on the sea,
Amid billows that surge and swell ;
Yet the Lord is more strong than the fierce flood
of wrong,
And His voice shall their anger quell.

Their clamour and pride Thy pow'r shall deride,
And men's haughty thoughts abase ;
And Thy poor broken folk, secure from their
stroke,
Thou shalt strengthen and guide by grace.

Oh, guide us by grace to that happy place
Where we shall in safety be,
No longer distressed and tossed without rest,
Like a ship on the raging sea.

From the hymn by Rev. P. GRANT. English by L. M. The melody is given as sung in Strathspey.

19—ORAN GAOIL—A SONG OF LOVE.

KEY F.

{|s₁:l₁|d :- |d :r |d :l₁ |s₁ :l₁|d :- |r :m |s :- |s :m |r :- |r :m|
 Togaibh naoimhibh, luath-ghaire, deanaibh gair - deachas ur! O'n a fhuair sibh bhi'n
 O ye saints, shout with gladness, and with joy - fulness sing! Can there e - ver be

{|r :d |r :m |r :- |d :r |d :- |m :s |l :- |s :l |s :m |r :d|
 fabhor ri Ard - Righ nan dul; O'n a shaor e o'n bhàs sibh 's o an
 sadness for the friends of the King? Free from all condem - na - tion ye are

{|r :- |m :s |l :- |l :d' |l :s |s :l |m :r |d :r |m:- |r :-.d|d :-||
 trailleachd bu mho,'Sgun d'rinn e sglamhach le shlaint sibh, thugaibh dhasan an chu.
 made by His grace, Ye are clothed with salva - tion,Then re - e - cho His praise.

O a Shlanuigheir ghràs-mhoir !
  'S tu is fearr dhomh tha beo ;
'S nuair a chuimhnich's mi t' fhabhor
  Tha m' aobhar gairdeachais mor ;
Chaidh t'fhuil phriseil a thaomadh
  Air son gach aon de do naoimh,
'Se sud an gaol rinn mo chiurradh
  'S rinn do shuilean mo chlaoidh.

Ach o'n dù' fheuch thu do ghradh dhomh,
  O, na fag-sa mi chaoidh,
Gus am faic mi ad ghloir thu
  'S cha bhi bron ann no caoidh.
Nuair a thig an la mor sin
  'S saorsa ghloir-mhor do naoimh
Bi'dh mi deasach' mo lochran
  Gu dol an comhail mo Rìgh.

O most gracious Saviour,
  Be Thou ever my choice ;
And secure in Thy favour
  Let me ever rejoice.
On the cross where they slew Thee,
  There Thy love was revealed ;
This Thy love has pierced through me,
  And Thine eyes made me yield.

Never, never forsake me,
  From all ill keep me free,
Till with gladness Thou take me
  All Thy glory to see.
Till we see Thee returning
  Our deliverance to bring,
Keep my lamp brightly burning,
  So to welcome my King.

Words selected from Rev. P. Grant's hymn of " " Is name. The tune was contributed by a Gaelic singer in Strathspey.

20—A CHRIOCH—THE END.

KEY Gᵇ.

```
{.s  |s  :-.f |m  :r  |m  :-.r |d  :-.d |s,  :-.l,|d  :d  |d  :-.r |d  :-.d }
 Air  charbad  teine  suidhidh Criosd,'S mu'n cuairt  da beucaidh 'n  tairneanach,        A'
 On   fi · ery chariot  Christ shall ride,  With thunders  rolling  round  His path,     To
```

```
{|s  :-.r |m  :d.l,|s  :-.s |l  :-.s |d  :-.r |d  :d.l,|d  :-.r |d  :-.d }
  dol  le ghairm gu  crioch nan neamh, 'S a' reub'  nan neul  gu  doinionnach.        O
  bear  His voice through hea - ven wide,  And rend  the clouds  with storm  and wrath.  Out
```

```
{|d  :-.s,|l,  :d  |r  :-.r |m  :-.l |l  :-.s |l  :s  |m  :-.r |m  :-.s }
  chuibhlibh charbaid  thig  a mach,  Sruth mor  de  theine  laist'  le fóirg;  Is
  from  His chariot · wheels  shall go  The fi · ery  torrents  of  His ire,  The
```

```
{|l  :-.d |d  :d  |r  :-.d |d  :-.r |m  :-.r |d  :l,.s,|l,  :-.d |d  :-. ||
  sgaoilidh 'n tuil'  ud  air  gach taobh,  A' cur  an t-saogh'l 'n a  las - air dhéirg.
  flaming floods shall  downward flow,  And set  the world a - round  on fire.
```

Leaghaidh na Dùile 'nuas le teas,
 Ceart mar a leaghas teine cóir :
Na cnuic 's na sléibhtean lasaidh suas,
 'S bi'dh teas ghoil air a chuan gu léir.
An cùrtain gorm tha null o'n ghréin,
 'S mu'n cuairt do'n chruinne-chè mar chleòc,
Crupaidh an lasair e r'a chéil,
 Mar bhéilleig air na h-éibhlibh beò.

'S a chum an doinionn atadh suas,
 O cheithir àirdibh gluaisidh 'ghaoth ;
Ga sgiùrs' le neart nan aingeal treun,
 Luathach' an léir-sgrios o gach taobh.
Tha obair nan sè là rinn Dia,
 Le lasair chian 'g a chur m'a sgaoil ;
Cia mor do shaibhreas Rìgh nam feart,
 Nach ionndrainn casgradh mhìle saogh'l !

The elements with fervent heat
 Shall melt like wax in furnace glow,
The flames from hills and mountains meet,
 And all the ocean boil below.
The azure curtain of our sphere,
 Hung like a mantle o'er the earth,
Shall shrivel up and disappear
 Like bark upon the burning hearth.

And still the fiery storm to urge
 The four strong winds together haste,
And, with the might of angels, scourge
 The willing flames to wilder waste.
Thus do destroying powers repeal
 Thy six days' work with one accord,
But Thy dominion would not feel
 The loss of thousand worlds, O Lord !

Gaelic from Buchanan's "Day of Judgment." English from "Spiritual Songs of Dugald Buchanan." The melody is an Ossianic chant.

21—GLEANN NA H-IRIOSLACHD—THE VALLEY OF HUMILITY.

KEY E♭.

{: s₁ | d :-.r | m :-.r | d :-.l₁ | s₁ : l₁ | d :m | r :-.d | d :- | - :m |
'S e | sin an gleann is | fearr a tha 'san | fhasach so gu | leir; Na
Oh, | vale most sweet and low - | ly found in | all this des - ert drear! There

{ s :-.l | d' :-.r' | d' :-.s | m : s | m : r | m :-.s | l :- | - :m |
naoimh bi'dh ann a' | sraideamachd, is | pairt diu sil - | eadh dheur; Bi'dh
walk the good and ho - | ly, there doth fall the | fre - quent tear; Their

{ s :-.l | d' :-.r' | d' :-.t | l : d' | s : m | r :-.d | l₁ :- | - : s₁ |
bron air son am | peacaidh orr', 's lad | beachdachadh gu | geur Air
love and grief are | blending in these tears ns | they behold Their

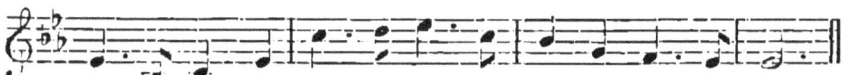

{ d :-.s₁ | l₁ : d | l :-.t | d' :-.l | s : m | r :-.d | d :- | - ‖
gradh do-innst an | t-Slanuigheir, 'sa | ghraincalachd th'annt' fein.
vile - ness and of fend - ing, and | their Saviour's love untold.

An seanchas an Ti 's airde	The Highest is abiding
Tha luchd-aiteachaidh a ghlinn,	With the saints within that vale,
'S a ghuth 's a bhriathran ghloir-mhor	His precious words providing
Toirt sith is solas cuim.	Them with peace that ne'er shall fail.
Tha'n t-uisge 's fearr 's na h aimhnichean,	There pure glad streams are flowing,
'S a ghrian fior chaoimhneil da,	There the sunshine is serene;
Tha fasgadh 'n am na stoirm ann,	No tempests there are blowing,
'S gur boidheach gorm e ghnath.	Bright and happy is the scene.
A Thighearna, deonaich dhomhsa	Let me be onwards pressing
Bhi ri m' bheo a fuireach ann,	Still where Jesus' feet have trod,
C'um m'anam bho fhein-fhirinnteachd	In that sweet vale of blessing
Is leanam Ios' gu teann.	Walking humbly with my God.
Bho ghathan mo luchd-mioruin	Lord, be my soul's defender,
Dean mo dhion a dh' oich' is là,	Keep me aye from sin secure,
Gach freumh de'n pheacadh spion asam	And through Thy love most tender
Is glan mo chridh' 'n ad ghràdh.	Let my heart be meek and pure.

Verses from the Gaelic hymn by JOHN MACLEAN. The tune is the sacred melody known as "The Hymn of the Saviour."

22—URNUIGH AN FHEUMNAICH—THE NEEDY'S PRAYER.

Nuair bhios mi airtneulach, Triall m'astair bhrònaich thruaigh,
O'er woes and wea - ri - ness, Dark - ness and drear - i - ness,

Dhia ghlòirmhoir, neartaich mi, Fòir orm is deònaich buaidh.
O God most glo - rious, Make me vic - to - ri - ous.

Nuair bhios mi sgith fo chradh,
Nuair bhios mo dhochas fann,
Bi-sa mo dhìdean àrd
'S m' fhìor ionad-comhnuidh ann.

Nuair bhios mi 'm bruaillean atri,
'N cruaidh amhghar dolasach,
Lìon mi le suaimhneas sìth
'S nuadh chreideamh solasach.

Nuair bhios mi treigte, truagh,
'N t-eug fhuar 'g am spionnadh lom,
Tiormaich mo dheura suas,
Tog dhìom mo thursa trom.

Fuadaich na teagamhan
'S eagail a shàruich mi,
Glan uam m' uil' easaontas,
'S taisbean do làth rachd domh.

When faith is failing me,
Dark doubts assailing me,
Be Thou my biding-place,
My safe abiding-place.

When griefs are numberless,
When cares are slumberless,
Grant me tranquillity,
Faith and humility.

When joys are leaving me,
And deaths bereaving me,
My foolish fears allay,
Wipe all my tears away.

From doubt's obscurity,
From sin's impurity,
Oh, set me free by grace,
So shall I see Thy face.

Hymn written for this collection.   Harmony by W. S. RODDIE.

23—MIANN AN ANAM—THE SOUL'S DESIRE.

KEY C.

| :d.,r | m : s : s | s : -.l : t | d' : l : s | m : m : d'.,d' |

Tha m'inntinn-s' an geall a bhí thall thar uisg' lor - dain, Mar ri
Over Jordan's dark ri - ver my soul ev - er strain - eth, I would

| d' : r' : m' | l : s .d' : s .m | r : d : r .s | m : r : d .,r |

Prionnsa na sìo - chaint b'e mo mhlann dol 'na chomh - ail. 'Se
fain dwell for ev - er where the Prince of Peace reign - eth. With a

| m : s : s | s : -.l : s .l | d' : l : s | m : m : d'.,d' |

cl - bheir na treud e, bheir e fein or - ra faic - ill; As na
Shepherd's de - vo - tion God's poor flock He feed - eth, And from

| d' : r' : m' | l : s .d' : s .m | r : d : r | m : r |

h-eil - ean - a cuainteach ni e'n cuairteach - adh dhachaidh.
far isles of o - cean His lost ones He leadeth.

Is e àillteachd thar chàch
  Thug mo ghràdh-sa co mòr dha,
'S nuair bhíth's e as m'fhianuis,
  Bi'dh mi cianail, ro-bhronach.
Is e m' àilleagan broillich,
  'S e mo charaid 's m' fhear-pòsd e,
'S e mo bhrathair is sine
  Tric is minig 'gam chòmhnadh.

'S e fear ghabhail mo leith-sgeul
  'S a sheasamh mo chòrach,
A phaigheas m' uil' fhiacban
  'S ni mo dhion o gach dòruinn ;
Tha gach latha mar bhliadhna
  Gus an crìochnaich mi m' astar
Gus am bi mi 'na fhianuis
  Troimh shiorruidheachd cur beachd air.

All His graces are peerless,
  And my love they awaken ;
But my spirit is cheerless,
  By His presence forsaken.
For my Saviour most gracious
  Is my Husband most tender ;
My heart's Treasure most precious,
  Brother, Friend and Defender.

By His strong intercessions
  Peace and pardon He gave me,
And He bore my transgressions,
  From their vileness to save me.
Now my faith would enfold Him
  Where sin cannot sever ;
For I long to behold Him
  For ever and ever.

Gaelic words from a hymn by Mrs CLARK of Torra-dhamh, Badenoch. Tune noted down for this collection.

24—LEANABH AN AIGH—CHILD IN THE MANGER.

KEY Eb.

|d :m :s |d' :- :- |r' :- :- |t :l :s |l :-:- |s:-:- |d :r :m |s :- :- |
Leanabh an à - - igh! Leanabh bh'aig Mài - ri; Rugadh an stà - -
Child in the man - ger! Infant of Ma - ry; Outcast and stran - -

|l :- :- |s :m :d |r:- '-|-:-:-|s :m :s |d' :- :- |l :- :- |s :m :d |
bull, Righ nan dùl! Thàinig do'n fhàs - ach, Dh'fhuiling 'nar
ger, Lord of all! Child who inher - its All our trans-

|d :- :- |r :- :- |m :r :m |s :- :- |l :- :- |r :m :r |d :-:-|-:-:-||
n-àit - e Son' iad an air - - eamh Bhitheas dha dluth!
gres - sions, All our demer - - its On Him fall!

Ged a bhitheas leanaban
Aig righrean na talmhainn,
'N greadhnachas garbh
'Us anabarr muirn,
'S gearr gus am falbh iad
'S fasaidh iad amhuinn,
An ailleachd 's an dealbh
A searg' 'san uir.

Cha b' ionann 's an t-Uan
A thainig g'ar fuasgladh,
Iriosal stuama,
Ghluais e'n tus;
E naomh gun truailleachd,
Cruithfhear an t-sluaigh,
Dh' eirich e suas
Le buaidh o'n uir.

So leanabh an aigh,
Mar db' aithris na faidhean,
'S na h-ainglean ard,
B' e miann an sul;
'S e's airidh ar gradh
'S ar n' urram thoirt dha;
Is sona an aireamh
Bhitheas dha dluth.

Monarchs have tender
Delicate children,
Nourished in splendour,
Proud and gay;
Death soon shall banish
Honour and beauty,
Pleasure shall vanish,
Forms decay.

But the most holy
Child of Salvation,
Gently and lowly
Lived below;
Now as our glorious
Mighty Redeemer,
See Him victorious
O'er each foe.

Prophets foretold Him—
Infant of wonder;
Angels behold Him
On His throne;
Worthy our Saviour
Of all their praises,
Happy for ever
Are His own.

Gaelic words from the hymn by Mrs M. MacDonald, Mull (Mairi Dhughallach, bean Neill Dhomhnullaich ann an Ard Tunna).

25—AONACHD RI CRIOSD—UNION WITH CHRIST.

KEY B♭.

|f :d |m :- :r |d :t, :l, |d :- :r |m :- :f |s :- :r |m :- :d |

D'e | sud | an | cean - gal | caomh - ail caoin, | Ni | thu | ad non | ri |
Oh | hap | py | boud! | oh ho - ly tryste! | If | thou | and Christ | art |

‖r :- :d |m :- :r |d :t, :l, |d :- :r |m :- :f |s :- :r |m :- :r |d :- ‖

FINE.

Criosd! | Air | chor's | gu'm bl | thu | relr | a ghne | 'S gu | meal thu o | gu | flor.
one, | His | na - ture and | His | power divine | Made thine while a - ges run.
Is | leat | a mhais' | is | u - ram ard, | Is | leat gun chaird | a ghloir.
His | glor - y bright | and beau - ty rare, | And joy | that ne'er | shall dim.

D.S.

|f :m |s :- :s |s :l :f |s :- :f |m :- :r |m :s :f |m :- :d |r :- ‖

Air | dhuit | bhi pos - da | ri | Mac Dhe, 'S leat | fein | a | shaibhreas | mor,
If | mar - ried to | God's Son, | thou hast Heaven's treasures | vast | with Him;

Is leis-san d' fhiachan is cha leat-s'
 Aon pheacadh rinn thu riamh ;
Do chionta uile thog e uait
 Le dhioladh buadhach fior.
Gach teasairginn, gach dion is gaol
 Bheir daoin' d' an ceile graidh,
Bheir Criosd sin duit-s' is tuille fos
 Ri d' bheo le cridhe blath.

Nuair sheasas tu le aoibhneas ard
 An la'ir a Bhreitheimh choir,
'N sin thig do bhinn a mach gu caoin,
 O d' charaid gaoil, d' fhear-posd'.
Nuair chi thu ardachadh d' fhir-posd',
 D'a ghloir is leat-sa roinn,
Co-ghloir, co-shonas is co-naill,
 'S thu fuaight ris mar cho-oighr'?

Cha bhi na h-aingle 's binne cliu
 Co dluth ri Criosd riut fein ;
Is ceile thus', is oglaich iads'
 Gu d' riarachadh gu leir.
Cha'n fhaic thu chaoidh am measg nan sluagh
 Bhios shuas an sud gu h-ard
Aon uasal mar do charaid gaoil
 Ta aonaicht riut tre ghras.

Thou hast brought Him but pain and loss,
 For on the cross He paid
The hopeless debt that thou hast owed ;
 Thy load on Him was laid.
With all the sympathy and love
 A man may give his bride,
Thy Lord shall make, while ages roll,
 Thy soul be satisfied.

And when before God's throne thou art,
 Shall not thy heart rejoice
Thy gracious sentence there to hear
 In thy dear Husband's voice?
In all that shall thy Sponse exalt,
 Thou shalt possess a share ;
Thou hast in all His hopes a part,
 And art His fellow-heir.

Thou, nearer than the angel band,
 On His right hand shalt be ;
Thou art His bride in queenly state,
 And they but wait on thee.
Oh, never shalt thou see among
 That glorious throng above
One half so fair or good as He
 Who gave to thee His love.

From hymn by Dr. MACGREGOR; imitated in English by L. M.

26—AM MEANGAN—THE BRANCH.

Words from a beautiful hymn by Mrs CAMERON, Rannoch.   Translation by L. M.

KEY F.

Staff 1:
```
f:d |m :-.r|d :t, |d :-.r |m :-.d |m :-.r|l, :t, |d:-|-:d |l, :t, |d :r \
o    bhonn   Ie - se  bhrist a mach  am  faillean gasda  ur,  Am fior chrann uaine /
From Jesse's root  a love - ly shoot, a Branch of beauty grew ; And bright was seen its
```

Staff 2:
```
{m :-.fe|s :-.f |m :-.r |m :fe |s:-|-:m |s :-.l |s :f |m :-.fe|s :-.m,r\
 taghta luachmhor,'s airidh e air cliu,  Am Meangan uasal  torrach  buadh'or /
 glorious sheen,  its graceful form and hue ; Its leaves were fair, its fruit  was rare,  and
```

Staff 3:
```
{l, :t, |d :r |m:-|-:m |d :t, |l, :t, |d :-.r |m :-.s,f |m :r.d |l, :-.t, |d:-|-||
 's e gach uair fol dhrinchd, A gheugan dosrach sin - te suas, 's lad tarrning naithe sthigh.
 sweet it was to view  Its branches wide on ever - y side refreshed with heaven's dew.
```

'Se so an ceann am measg nan crann, air ardachadh gu
  mor,
Faillean, sugh'or, maiseach, cubhraidh, taitneach,
  urar, og,
Aluinn, clatach, 's e ro sgiamhach, miannaicht air gach
  doigh.
Gun fheachd no fiarradh, ruaidh no erionadh, gun
  ghaoid, no gianh, no go.

Crann ro-phriseil, miann na fridhe, 's e gu direach fas,
E air sineadh mach a gheugan 's iad gu leir fo bhlath,
Nach mothaich tart mu am an teas, nach searg 's nach
  crion gu brath.
Air uisge seimh tha e 'na thamh, 's cha tiormaich
  mheud an trasg.

Tha amhainn fior-ghlan ruith m'a chriochaibh dh'
  fhior-uisg shoitleir, beo,
Cur subhachas an cridh' gach aon a gheibh di taom'rl ol,
Tha slaint' is urach 'na dhuilleach cubhraidh do'n anam
  bruit' fo leon,
Beatha is ioc-shlaint dhaibh fo'n iarguinn, s gheibh
  dream gun luths uaith treoir.

Meangan cliuiteach 's e air lubadh le ur-mheas chum
  an lar,
Toirt toradh trom gach am 'sa bhliadhna', 's gu siorruidh
  a toirt fais,
Tha e brioghor 's mor a mhilseachd anns gach linn is al,
'S gach eun tha glan am measg na coill' gheibh iad fo'n
  chraobh so sgail.

Oh, this shall be of every tree the first and most re-
  nowned,
Grandly swelling, sweetly smelling, fresh, and straight,
  and sound ;
For evermore its living store of graces shall abound,
And no decay or blemish may in all its boughs be
  found.

A princely stem, the forest's gem, it ever fairly grows,
Its branches broad beneath a load of blossoms far it
  throws ;
When suns are hot it withers not, no drought or thirst
  it knows,
But beareth fruit, for at its root the living water
  flows.

That river clear, that floweth near with current pure
  and bright,
Alone imparts to human hearts a sorrowless delight ;
These leaves make whole the wounded soul, and give
  the weary might,
Bestowing wealth of life and health instead of pain and
  blight.

This goodly shoot with golden fruit is down from
  heaven weighed ;
Throughout the year its fruits appear, its bloom shall
  never fade ;
To every race it yieldeth grace with vigour undecayed,
And cool retreat for warblers sweet beneath its plea-
  sant shade.

27—LA BHREITHEANAIS—THE DAY OF JUDGMENT.

KEY C.

f :l.,s|f :r |m,r,m|d :r :r.,m|f :s |m,r,m|f :-.l :l.,s|l :f |m,r,m

O anam, gu curam Nis duisg a - gus smuainich Nuair thig Leomhan threubh

Rouse, O soul, from thy langour! When thou seest ap - pear - ing Judah's Li - on in

d :r :l.,s|l :f |l,s f|m :-.r :l.,t|d' :r' :t,l,t|l :f :l.,t

Iudah, 'N tig thu dluth dha gun uamhas? 'M faod do chridhe bhi Eidir, No do

anger, Wilt thou meet Him unfear - ing? Shall thy heart still be boldest, And thy

d':r':t,l,t|d' :-.r' :d',r'|m' :r' :t,l,t|d' :l :d',t|l :f :l,s f|m :-.r

lamh a bhi buadhach Nuair a chi thu 'na ghloir e 'S ainmle gloir-mhor mu'n cuairt da?

proud arm be rearing, When His power thou be - hol.l - est, Whom the heavens are re - ver - in 2?

Chuinn an trompaid 'ga seideadh,
 'S fuaim nan speur a dol thairis;
Tha na mairbh nis toirt geill da,
 'S iad ag eiridh o'n talamh ;
Nis dh' fhosgail na h-uaighean,
 'S bhruchd an sluagh asd' gu h-calamh,
 'S thug e'm follais an sluagh sin
 Bha 's na cuaintean am falach.

Tha mile tairn'each ag eigheach,
 'N sluagh gu leir tha ri faire,
'S leis an fhuaim tha'nns na speuraibh,
 Chrith gach creutair air thalamh ;
'N cuan 's na tonnan a beucaich,
 'S bonn nan sleibhtean air carach,
 'S cridhe dhaoine 'g an treigsinn,
 Ach c' ait' an teid iad 'g am falach ?

Ach, anam, ma fhuair thu
 Fuil an Uain gu do shaoradh,
Na biodh do chridhe 'gad fhailinn
 Chuinntinn caramh an t-saoghail,
 'N Ti 's an do chuir thu do dhochas,
 'S e sud a ghloir tha 'g a taomadh,
 'S e sud na tuiltean a chual thu
 Thig air an t-sluagh nach tug gaol da.

Hark ! the trumpet-sound blending
 With the flame's wild explosion ;
See ! the dead are ascending,
 Yielding lowly devotion !
Graves unnumbered restore them,
 All earth's dust is in motion,
And the dark depths outpour them
 From the caves of the ocean !

Thousand thunders are rolling,
 And mankind is awaking ;
Under sounds so appalling
 All earth's creatures are quaking.
Ocean's billows are boiling,
 Mighty mountains are shaking,
And men's hearts back recoiling,
 Every hope is forsaking.

But if Christ's blood avail thee,
 O my soul, for ablution,
Let thy heart never fail thee
 In earth's final confusion.
See the Saviour come glorious,
 He who gave absolution,
And His right arm, victorious,
 Gives His foes retribution.

From hymn by Rev. P. GRANT.   Translation by L. M.

28—GAIRDEACHAS—JOY.

KEY C.

```
{.l  :l.ta|l    :l .s  :m .s |l    :l .l  :d'.d'|l    :s .m  :s .ta|l  :-.}
 O 'sann tha'n|solas    aig dream fhuair|eo · las Air neach cho|gloirmhor ri  aon Mhac|Dhe!
 Oh, sweetest joy  without stint or  measure, The love of Je · sus to  earth come down!
```

```
{.l  :ta.l|s    :m .s  :l .d'|ta    :l .l  :d'.r'|m'    :m'.m'  :m'.r'|r'  :-.}
 Cha nithean|feolmhor ri'm  beil an|doch · as Ach cruo na|gloir    ann an rioghachd|neimh.
 Oh, poor to us  were earth's richest  treasure, Who hope to wear  an immortal crown.
```

```
{.l  :d'.r'|m'    :m'.m'  :m'.r'|r'    :d'.l  :d'.r'|m'    :d'.d'  :d'.l|d'  :-.}
 Bu bhochd an|storas   leo gleann nan|deoir  so, 'S na bheil de|dh'oir  anns a  chruinne-|che ;
 A poor posses · sion were all cre · a · tion And  all the wealth  that the world contains,
```

```
{.l  :s.s|m    :s .l  :d'.t |d'    :r'.d'  :t .d'|m'    :s .l  :d'.t |l  :-.}
 Tha'n cridhe|deonach  bhi thall air|Iordan,  A seinn an|orain  d'an d'thug iad|spels.
 All mean and  meagre  to spirits ea · ger For heaven's glo · ries and  joyful strains.
```

O a bhrathraibh nach dean sibh gàird'cheas,
Anns gach sarach thig oirbh fo'n ghrein?
Togaibh Hosanna do'n Ti a bhàsaich,
Tha chliu air ardach' os cionn nan neamh ;
'S nuair a chuimhnicheas sibh air fhabhor
Le cridhe blath thugaibh dhasan geill ;
Tha e am Pàrras mar fhior bhrathair,
Ag ullach àit dhuibh 'na rioghachd fein.

'S e clann Shioin a chuideachd rioghail
Aig am bheil sith ris an Ti is aird,
'S bheir e tearrnint' iad as gach triohlaid
'S bith' e 'n a dhidean dhaibh aig a bhàs.
Cha chum am bàs iad, 's cha chum an uaigh iad,
Thug esan buaidh air na gaisgich threun,
Is amhluidh shaoras e fos a shluagh uath'
Is bheir e suas iad gu rioghachd fein.

Oh, then, rejoice with glad voices ringing,
In all your sufferings extol His name,
To Him who died, your hosannas singing
Whose praise the angels of God proclaim.
Think on the favour of Christ, our Saviour,
Obey with gladness His least command ;
Our form He beareth, while He prepareth
Our happy home in His Father's land.

For Sion's sons are a royal nation,
The chosen friends of the Lord most High ;
He shall redeem them from tribulation,
And when life leaves them, His love is nigh.
Death cannot chain them, nor grave restrain them,
For these are conquered by Jesus' might ;
He shall deliver His own for ever,
And make them glad in His home of light.

Gaelic words by Rev. P. GRANT.   The melody is that used in GRANT's own district, Strathspey.

29—AN FHOIS SHIORRUIDH—THE REST ETERNAL.

KEY G.

{: l, |d : - : r |m : - : - |d : - : r |m : - : d |f : - : - |r : - : r |d : - : r |m : - : - }

Nach so - na suaimh - neach an sluagh a dh' fhag sinn, Theich as gach truaigh
The hap - py dead whom the Lord hath tak - en, Have rest for ev -

{|m : - : f |m : - : d |r : - : - |r : - : l, |d : - : r |m : - : - |d : - : r |m : - : d }

's a chaidh suas gu Par - ras; Lean iad an t-Uan 's iad air chuairt 's an
er from sin and sad ness; They followed Christ, and were not for-

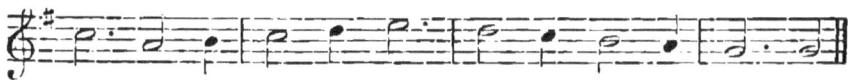

{|f : - : - |r : - : m |f : - : s |l : - : - |s : - : f |m : - : r |d : - : - |d : - ||

fhas ach, Is dh' fhag sud suaimh - - neach aig uair a bhais iad.
sak - en, And now they share tu immort - al glad - ness.

'S e'n fhuil chaidh dhortadh thug coir tre ghràs
Air beo-dhochas nach deach' a narach'; [dhaibh
Thug fuil an Uain tuille's buaidh na 'm bàs dhaibh
'S ged fhuair an uaigh iad bi 'n leabaidh thamh i.

Nuair chur iad cùl ris gach duil fo'n ghrein so'
Db' fhosguil an suil ann an dùthaich neamhaidh'
Seinn halleluiah, 's a chliu 'n am beul-san,
'S tha saoghal ur dhaibh a nis air eiridh.

Tha fois o'n t-saoghal 's o chorp a bhàis ac',
O chiont' 's o dhaorsa 's o eagal trailleil,
'S o ana-miannaibh mi-rianail làidir,
'S o smuaintean diombain bha riamh 'gan sarach.

Nis tha'm Fear-posd' ac' 's iad beo le lathaireachd
'S iad nis cho sgiamhach 's bu tubiann le'n cairdean;
Tha slàinte as ùr tigh'nn o ghnùis an Ard-Righ,
'S iad sona suaimhneach gun luaidh air bàs ac'.

For when He gave them a hope so glorious,
They placed their souls in His gracious keeping;
Through Jesus' blood over death victorious,
Their flesh in grave is but softly sleeping.

When to their eyes all this world was darkened,
Their spirits entered on scenes surprising;
To halleluiahs with joy they hearkened,
And saw heaven's glories around them rising.

They have no sickness, nor sore, nor sighing,
Nor thirst, nor hunger, nor wants distress them;
No death nor sorrow, nor care nor crying,
But peace eternal to soothe and bless them.

They have the Bridegroom, beloved and precious,
The love He giveth their souls adorning;
Their hearts rejoice in His smile most gracious,
And sing the sweetness of heaven's morning.

Gaelic words from the hymn by Rev. P. GRANT.

30—AN CATH—THE CONFLICT.

KEY B♭.

{ d .d | d .,m₁ : s₁ .,l₁ | s₁ .m₁ : m .,r | d .m₁ : l₁ .,r | d : -.l₁ | d .s₁ : l₁ .,m₁ }

Is fomadh comhrag, streup ls stri Do'n chreidmheach fhior tha'n dual ; Tha nainihdeas t̀frionn-

Through many a sorrow, strife and storm, Must Christian pilgrims pass ; For powers of ill in

{ s₁ .,m : m .,r | d .m : s .,l | d : -.d | r .,m : s .,l | s .,m : d .t₁ }

all le sphd, 'Ga ruith gach mir dhe chuairt ; Is buairidhean bho'u t-sloc is isl' A

every form Their upward course harass; When hell's temptations fast ascend, Their

{ l .,s : r .,m | s : -.m | l .,l : m .,r | d .l₁ : s₁.,d | m .f : l₁ .,r | d : -. }

lot a chri' gu cruaidh, Ach bheir e buaidh 'san ruaig 'ga crìch, Fo bhratach caoin an Uain.

bosom often bleeds, But they shall conquer in the end, Who march where Jesus leads.

Is lionmhor cath, is gleachd, is dnaidh,
   Is buille bhualadh dhòrn,
Is ambghar, trioblaid, teinn is truaigh,
   Tha dhaibh an dual 's an fhebil ;
Ach armachd Dhè bheir dhaibh a bbuaidh
   'S thig iad an uachdar beò,
'S trid neart an Ti rinn sith dhaibh suas
   Bi' gaisge chruaidh 'nan treòir.

Tha buairidhean a teachd bho'n nàmh
   Air iomadh fath mu'n cuairt,
Mar dhiachainn theinteach bbios 'gan cràdh
   'S a toirt dhaibh thire cruaidh ;
Oba nochd e caoimhneas dhaibh no bàigh,
   'S gun iochd 'na ghnaths, no truas,
Ach chum au dearbhadh anns gach càs
   Bheir iad tre ghràs làn bhuaidh.

What weary conflicts fierce and long,
   What sudden strokes of pain,
What trouble and distress and wrong
   Must Christian hearts sustain !
But when in God's own armour clad,
   Though foes their path assail,
His mighty strength shall make them glad,
   And they shall still prevail.

When sore temptations surge and swell
   Around the Christian race,
Assaults of sin and thoughts from hell
   That torture and abase,
These cruel foes on every side
   The man of God must face,
And he shall be a soldier tried,
   And conqueror through grace.

Gaelic words from the hymn by JOHN MORRISON (Ian Moirison a bha anns na Hearadh).

31—SMEIDEADH OIRNN—BECKONING.

KEY F.

l	: -.s	m	: -	l	: -.s	m	: -	l	:d'	t	:d'	l	: -.s	m	: -

Smeideadh oirnn, | smeideadh oirnn | Olc 'us math a' | smeideadh oirnn!

Beckoning, | beckoning! | Good and e - vil | beckoning!

s	: -.f	m	: r	d	: r	m	: -.d'	l	: s	m	: r	d	: t,	l,	: -

Bi mar iul dhuinn, | Dhia nam feart, | A chum 's nach fag -sinn | slighean ceart.

Be our guide, O God of truth, | And save us from the snares of youth.

Smeideadh oirnn, smeideadh oirnn ;
Sugraidh 'n t-saoghail smeideadh oirnn ;
Caisg 's a chridhe mianntan cearr,
'Us nom ar ruintean chum na's fhearr.

Smeideadh oirnn, smeideadh oirnn ;
Maoin 'us cliu a' smeideadh oirnn ;
Cum sinn umhail, saor o uaill,
A chum 's nach fas ar cridhe cruaidh.

Smeideadh oirnn, smeideadh oirnn ;
Tuigse 's eolas smeideadh oirnn ;
Teagaisg sinn, a chum 's nach claon
Ar n-inntinn dh' ionnsuidh bheachdan faoin.

Smeideadh oirnn, smeideadh oirnn ;
Gradh 'us seirc a' smeideadh oirnn ;
Deonaich dhuinn na h-aigne caomh
A ghradhaicheas an cinne-daoin.

Smeideadh oirnn, smeideadh oirnn ;
Iosa, 'n Slannighear, smeideadh oirnn ;
Treoraich sinn gu crich ar cuairt
A chum 's gu'm bi sinn leis-san shuas.

Beckoning, beckoning,
Worldly pleasures beckoning ;
Let us ne'er be led astray,
But keep us in the heavenly way.

Beckoning, beckoning,
Wealth and fame are beckoning ;
May our youthful hearts abide
Untouched by discontent or pride.

Beckoning, beckoning,
Truth and wisdom beckoning ;
Teach us, Lord, and let us be
From ignorance and folly free.

Beckoning, beckoning,
Grace and love are beckoning ;
Grant us, Lord, a lowly mind
And tender heart for all mankind.

Beckoning, beckoning,
See our Saviour beckoning ;
Lead us, Lord, till life be past,
That we may live with Him at last.

Children's Hymn. Gaelic words by M. MACFARLANE.

32.—NA SLEIBHTEAN—THE MOUNTAINS.

KEY F.

| m : - : r | d : t₁ : l₁ | d : - : r | m : - : m | s : m : r | r : - : s | m : - : r | d : t₁ : l₁ | d : - : r |

'S tosdach ciuin tha na sleibhtean,| Samhach seimheil am feith, | Neamh is talamh, 'n an tamh'air
Sith, mar dhoimhne na fairge, | Comhdach carraig is torr— | Sith, mar aigeann neo-chriochnach
Calm and still are the mountains, Peace hath here her a - bode, | Heav'n and earth are repos - ing
Si - lence—solemn, un - broken, Deep and vast as the sea, | As the measureless o - cean

D.C.

| m : - : m | s : m : r | r : - : - | d : - : m | s : l : s | s : - : s | m : - : s | s : l : s | s : - : - |

Sàbaid shoinneanta Dhè. | Dhia, a chruthaich na sleibhtean, | Tha do-leirsinneach dlùth,
Cuan na siorruidheachd moir. |
In the Sabbath of God. | Lord, who madest the mountains, Thou art here though unseen ;
Of e - ter - nity. |

| l : - : t | d' : t : l | l : - : d' | l : - : s | m : r : m | l : - : - | d' : - : t | l : s : f | m : - : m |

Thoir do m'anam bhi siochail, | Thoir do m'spiorad bhi ciùin. | O! an sith tha'n ad làthair,
Give me also this calmness, Make my spirit serene. | Oh, the peace of Thy presence,

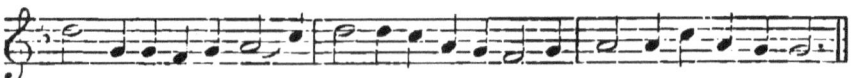

| l : - : r | r : d : r | m : - : s | l : - : l | s : m : r | d : - : r | m : - : m | s : m : r | r : - : - |

tàladh mulaid o'n chridh'— | Dèonach dhomhsa 'n a lanachd | Sith 'n ad lathair gu sior.
Where all sorrow shall cease ! | Let me now and for e - ver Find Thine in - fi - nite peace.

'S laidir seasmhach na sleibhtean,
 Treun neo-chaochlaideach riamh ;
Fhuair iad neart am bun-aite
 'S mòrachd àllail o Dhia.
O ! is maiseach na sleibhtean,
 'G eiridh suas gu na neimh ;
Bhean do mheoir riu is fhuair iad
 Bhuats' an àilneachd 's an sgeimh.
Neart, is maise, is siochaint,
 Lionadh srath agus beinn,
Aiteal ghlan o do ghloir-sa,
 Dril o d' oirdhearcas fein.
Theid na sleibhtean so thairis,
 Ach 's buan-mhaireannach Dia,
'S nochdaidh esan nuadh ghloir dhuinn
 Bhios sinn moladh gu sior.

Strong and steadfast, the mountains
 Feel no changes of time,
God did lay their foundations,
 He hath made them sublime.
He hath clothed them with beauty,
 Sweet and lovely and rare,
By the touch of His fingers
 They are heavenly fair.
Peace and power and beauty
 Vale and mountain disclose,
Dimly showing His glory
 From whose hand they arose.
When the mountains have vanished
 He shall live evermore,
Still revealing new glories
 While we praise and adore.

This beautiful melody belongs to one of Rob Donn's elegies. The words are by L. M.

THE SONGS OF THE GAEL.

INDEX.

SONGS OF THE GAEL.

1—MO NIGHEAN DONN BHOIDHEACH—MY BROWN-HAIRED MAIDEN.

KEY B♭.—*Beating twice to the measure.*

|: s₁ | d :-. t₁ | l₁ : s₁ | d :— | s₁ : s₁ | d :-. r | f :m | r :— | m |

(Ho- |ro, mo nighean donn| bhoidheach, Hi- |ri, mo nighean donn| bhoidheach,)
Ho - ro, my brown-hair'd maiden, Hearee, my bonnie maiden,

|: f | m :s | m :s | s₁ :— | d :r | m :— | f :-. r | d :— | — |

(Mo |chaileag, laghach. | bhoidheach, Cha |phosainn ach| thu.
My sweetest, neatest maiden. I 'll wed none but thee.

A Pheigi dhonn nam blath-shuil,
Gur trom a thug mi gradh dhuit,
Tha d' iomhaigh, ghaoil, is d' ailleachd
A ghnath tigh'n fo m'uidh.

Cha cheil mi air an t-saoghal
Gu bheil mo mhiann 's mo ghaol ort,
'S ged chaidh mi uat air faondradh
Cha chaochail mo rùn.

Nuair bha ann ad lathair
Bu shona bha mo laithean,
A sealbhachadh do mhaurain
Is àille do ghnuis.

Gnuis aoidheil, bl anail, mhabla,
Na h-oigh is caomha nadur,
I suairce, ceanail, baigheil,
Lan grais agus muirn.

'S ann tha mo run 's na beanntaibh,
Fir bheil mo ribhinn ghreannar,
Mar ros am fasach shamhraidh,
An gleann fad o shuil.

O maid whose face is fairest,
The beauty that thou bearest,
Thy witching smile the rarest,
Are ever with me.

Though far from thee I 'm ranging
My love is not estranging,
My heart is still unchanging
And aye true to thee.

Oh, blest was I when near thee,
To see thee and to hear thee,
These memories still endear thee
For ever to me.

Thy smile is brightest, purest,
Best, kindliest, demurest,
With which thou still allurest
My heart's love to thee.

Where Highland hills are swelling
My darling has her dwelling;
A fair wild rose excelling
In sweetness is she.

Favorite Gaelic Song. Translation by LACHLAN MACBEAN.

2—OCH, OCH! MAR THA MI—OCH, OCH! HOW LONELY.

KEY F.—*With expression.*

```
f. s₁ : s₁ . l₁ | d : d . d : r . m | s : l . s : s . m | d : d . d : r . m | l₁ : l₁ .
```

Och, och! mar tha mi is mi 'nam aonar, A dol troimh choill far an robh mi eolach,

Och, och! how lonely to wander weary Thro' scenes endearing with none beside me!

```
f. s₁ : s₁ . l₁ | d : d . d : r . m | s : l . t : d¹ . l | s : m . d : r . m | d d .
```

Nach fhaigh mi àit' ann am fhearann duthchais, Ged phaighinn crun airson leud na broige.

For all around now to me is dreary, My native land has a home denied me.

Neo-bhinn an fnuaim leam a dhuisg o m' shuain mi,
'Se tighinn a nuas orm o bbruaich i am mor-bheann,
An ciobair Ga'lda 's cha chord a chainnt rium,
E glaodhaich thall ri cu mall an dolais.

Moch maduinn Cheitein, an am dhomb eirigh,
Cha cheol air gheugan, no geum air mointich,
Ach sgreadail bheisdean 's a chanain bheurla,
Le coin 'g an eigheach, cur feidh air fogar.

An uair a chi mi na beanntan arda,
'S an fhearann aigh 's an robh Fionn a chomhnuidh,
Cha-n fhaic mi 'n aite ach na caoraich bhana,
Is Gaill gun aireamh 's a h-uile comhail.

Na glinne chiatach 's am faighteadh fiadhach,
'M biodh coin air iallan aig gillean oga,
Cha n fhaic tha 'n diugh ann ach ciobair stiallach,
'S gur duibhe mheuran na sgiath na rocais.

Chaidh gach abhaist a chuir air fuadach,
Cha chluinn thu gruagach ri duan no oran;
Nach bochd an sgeul e gu'n d' shearg ar n-uaislean,
'S na balaich shuarach n'an aitean-comhnuidh?

What sounds unsweet have disturbed me, marring
The long-sought slumbers around me falling?
The Lowland shepherd, with accent jarring,
Directs his sheepdog with hideous bawling.

No more are mornings in spring delightful
With deer soft lowing and woodland warbles,
The deer have fled from these barkings frightful,
And loud the stranger his jargon garbles.

Our Highland mountains with purple heather,
Where Fingal fought and his heroes slumber,
Are white with sheep now for miles together,
And filled with strangers whom none can number.

The lovely glens where the deer long lingered,
And our fair youths went with hounds to find them,
Are now the home of the long black-fingered
And lazy shepherds with dogs behind them.

The ancient customs and clans are banished,
No more are songs on the breezes swelling,
Our Highland nobles alas! are vanished,
And worthless upstarts are in their dwelling.

Author—the late Dr. MacLachlan. Translation by L. M.

3—LEABAIDH GHUILL—THE BED OF GAUL.

KEY **G.**— *With feeling.*

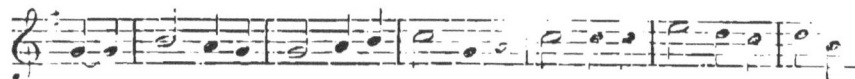

d :d	m :-	r :d	d :-	r :m	f :-	d :r	f :-	f :f	l :-	s :f	s :m
O	caraibh,	a	chlanna	nan	teud, Leabaidh	Ghuill is	a	dheo-greine	Iamhris,
O ye bards, make the last	bed	of Gaul, With his sunbeam	of war	laid beside him,

| d :d | m :- | r :d | r :- | d :d | t₁ :- | s₁ :d | f :- | f :r | d :- | r :m | d :d |
| Far an. faicear | a | leabaidh an | céin, | Agus genga | is | airde | 'ga sgàile. |
| Where the shade of this great tree shall fall, And its branches from tempests shall hide him.

Fo sgeith daraig a's guirme blath,
Is luaith' fàs, agus dreach a's buaine,
Bhruchdas dnilleach air ama'l na frois
'S an raon bhi seargta m'an cuairt di.

A duilleach o iomal na tire
Chitear le eoin an t-samhraidh,
Is laidhidh gach eun mar a thig e
Air barraibh na geige urair.

Chiuuidh Goll an ceilear na cheo,
Is oighean a seinn air Aoibhir-chaomha;
'S gus an caochail gach ni dhiubh so,
Cha sgarar bhur cuimhne o cheile.

Gus an crion gu luaithre a chlach,
'S an searg as le aois a gheng so,
Gns an sguir na sruthan a ruith,
'S an deagh mathair-uisge nan sleibhte,

Gus an caillear an dilinn aois
Gach filidh, is dàn, 's aobhar-sgeile,
Cha'n fheoraich an t-aineal 'Co mac Moirne?'
No 'Cia i comhnuidh Righ na Srumoin?'

This green spreading oak is his bower,
Fair growing and lovely and lasting;
Its leaves drink the breath of the shower
While the drought all around it is blasting.

Its leaves from afar shall be seen,
And the birds of the summer, swift winging,
Alight on its boughs wide and green—
From his mist Gaul shall hear their sweet singing.

Evircoma shall hear how her praise
The songs of the maidens shall cherish;
Till everything round us decays,
Your memory from earth shall not perish.

Till this stone has been crumbled away,
Till the streams cease to flow from the mountains,
Till this tree with old age shall decay,
And drought dries from the hills all the fountains,

Till the great flood of ages has run
Over bards, songs and all that is human,
None need ask, Who was Morni's great son?
Or, Where dwells the brave King of Strumon ?

Author—OSSIAN. Translation by L. M.

4—BANARACH DHONN A CHRUIDH—MAID OF THE DAIRY.

KEY F.

```
f :r |r :-.m:s |l :-.s:t .d¹|r¹ :-.l:d¹ |s :-.d:f .m |s :d¹ :m¹
 A  | bha - na -rach | mhlogach | 'S e do| ghaol 'thug fo | chis  ml. 'S maththig| lamhainnean
 O  | white-handed | maiden,  | My | bosom  is  la - | den, With love for the
```

CHORUS.

```
|r¹ :-.d¹:l .s |d¹ :-.m :d |r :-.r |d |r :m :s |l :-.r :f
| sioda | Air do| mhln-bhosaibh | ba - na.| A | bhan - a - rach | dhonn a chruidh,
| maid - eu | That ne - ver shall va - ry. My | bon - nie bright dai - rymaid,
```

```
|r¹ :d¹ :l |s :-.m:d |r :m :s |r¹ :-.l:d¹ |s :-.m:d |r :-.r
| Chaoln a chruidh,| dhonn a chruidh,| Cailin  deas | donn a chruidh,| Cuachag  an | fhasach.
| Fairy  maid, dai - rymaid, Bonnie blythe dairymaid,  Maid of the dairy.
```

'Nuair a sheinneadh tu coilleag,
A' leigeil mairt ann an coillidh.
Dh' ialadh eunlaith gach doire,
Dh' éisdeachd coireal do mhànrain.

Ged a b' fhonmmhor an fhidheall,
'S a teadan an righeadh,
'S e 'bheireadh danns' air a' chridhe,
Ceòl nighean na h-àiridh.

'Bheireadh dalan na gréine,
'Dearsadh moch air foir d' eudainn,
'S gu 'm h' ait leam r' a léirsinn
Boillsgeadh cibhinn cùl Màiridh.

'S taitneach siubhal a cuailein
'G a chrathadh m' a chasan,
A' toirt muigh, air seid luachrach,
An tigh buailidh 'n gleann fàsaich.

Gu 'm bn mhòthar mo bheadrach,
'Teachd do'n bhuailidh mu 'n eadthrath,
Seadhach, seang-chorpach, beitir,
'S luarach greasad an àil aic'.

A bhanarach dhonn a' chruidh,
Chaoin a' chruidh, dhonn a' chruidh
Cailin deas donn a' chruidh,
Cuachag an fhàsaich.

When Mary is singing
The birdies come winging,
And listen, low swinging,
On twigs light and airy.

My heart bounds with pleasure
To hear the sweet measure
That 's sung by my treasure,
The maid of the dairy.

The sunshine soft streaming
Around her is beaming,
It 's glowing and gleaning
On the locks of my Mary.

O'er the moors waste and dreary
Trips gaily my dearie,
With foot never weary,
As light as a fairy.

The maid of this ditty
Is charming and pretty,
She 's wise and she 's witty,
She 's winning and wary.

My bonnie bright dairymaid,
Fairy maid, dairymaid,
Bonnie blythe dairymaid,
Maid of the dairy.

Gaelic words by ALEXANDER MACDONALD (Mac Mhaighstir Alastair); English by L. MACLEAN.

5—MORAG—JACOBITE SONG.

KEY G.

```
|d .,d :d ,d .- |d .,d :d ., l, |l, .,l, :l, .,d |r .,r :r ,n .- |
```

Mhorag chiatach a chuil dualaich 'Se do luaidh a tha air m'aire,
Morag with the tresses flowing, I will praise thee with de - vo-tion.

```
|r .d :r |m .,r :d |m :m .,m |r .,d :l, .,s, |l,,d.-:r |m,r :d ||
```

Agus o Mhor - ag, ho - ro 'sna horo gheallaidh, Agus o Mhor - ag.
Then horo, Mor - ag, ho - ro, the lovely lady, Then horo, Mor - ag.

S ma dh' imich thu null thar chuan uainn
Gu ma luath a thig thu thairis.

'S cuimhnich, thoir leat bannal ghruagach
A luaidheas an cloth ruadh gu daingeann.

O cha leiginn thu do'n bhuailidh
Obair thruaillidh sin nan cailean.

Gur h-i Morag ghrinn mo ghnuag
Aig am beil an cuailein barr-fhionn.

'S caganach, bachlagach, cuachach
Ciabhag na gruagaich glaine,

Do chul peucach sios 'na dhnalaibh
Dhalladh e uaislean le lainnir,

Sios 'na fheoirneinean mu'd ghuailnean,
Lealan cuaicheineach na h-ainnir.

'S iomadh leannan a th' aig Morag
Eadar Mor-thir agus Arrainn.

'S iomadh gaisgeach deas de Ghaidheal
Nach obadh le m' ghradh-sa tarruing,

A rachadh le sgiathan 's le claidhean
Air bheag sgath gu bial nan canan,

Chunnartaicheadh dol an ordugh
Thoirt do chorach mach a dh'aindeoin.

A righ, bu mhath 's an luath-laimh iad
Nuair a thairneadh iad an lannan.

H-uile cloth a luaidh iad riamh dhuibh
Dh' fhag iad e gu ciatach daingeann.

Teann, tiugh, daingeann, fighte, luaidhte
Daite ruadh air thuar na fala.

Greas thairis le d' mhnathan luadhaidh
'S theid na gruagaichean so mar-riut.
Agus o Mhorag, horo, 'a na horo gheallaidh.

Far too soon has been thy going;
Soon come back across the ocean.

Bring a band of maids for spreading
And for dressing cloth of scarlet.

Thou shalt not go to the stealing,
Leave vile work to loon and varlet.

Oh, my Morag is the sweetest,
With her lovely locks in cluster,

Coiled and curled in folds the sweetest,
Gleaming bright with golden lustre;

Glowing ringlets, golden gleaming,
Dazzle nobles who behold her;

Yellow tresses round her streaming,
Fall in cascades on her shoulder.

Many a lover has my lady,
In the mainland and the Islands;

Many a man with sword and plaidie
She could summon from the Highlands,

Who would face the cannon's thunder
Armed and for her honour plighted,

Driving hostile bands asunder
Bound to see our lady righted.

Certes, but our maids are clever
When they get their weapons ready,

Many a web they've sorted ever
Firmly handled close and steady,

Thick and close and firm in pressing,
Bloody-red, a dye unfading;

Come then with thy maids for dressing,
We are ready here for aiding.
Then horo, Morag, horo, the lovely lady.

Author—ALEXANDER MACDONALD.   Translation by L. MACBEAN.   Morag represents Prince Charlie.

6—CUMHA IAIN GHAIRBH RARSAIDH--RAASAY LAMENT.

KEY F.—*Slow, and with feeling.*

```
f :s, . l, | d :d :m,.r | d :l, :s,.l, | d :d :l | l .s :-:d'.l | l :l, :d
 s mi na m' shuidh' air   an   fhaodh-lainn Gun   fhaoilte   gun   fhu-ran;   Cha   tog mi fonn
Sitting  sad - ly    I   sorrow,  Heavy-hearted  and  ailing,  I am songless and
```

CHORUS.

```
r :d :m .r | d :l, :d | r . r :— :r .m | l :-.d :r .d | l, :— :r .m
ao . trom,  O Dhi- | hao - ine  mo  dhunach.  Hi-il | ò   ho bha | hó     Hi-il
cheerless,  I am wea - ry  with  wailing.  Hee-il ò   ho - va  hò   Hee-il
```

```
r :l, :d | l :—:d'.s | l :l, :d | r :—:r .m | l :-.d :r .d | l, :l,
ò   ho bha | ò,      Hi-il | ò   ho bha | ò     Hi-il | ò   ro o-bha | ell - le.
ò   ho - va  ò,      Hee-il ò   ho - va  ò,    Hee-il ò - ro o-va  ai - la.
```

Cha tog mi fonn aotrom,
O Dhihaoine mo dhunach :
O'n a chailleadh am bàta,
Air 'n a bhàthadh an cuiridh.

O'n a chailleadh am bàta,
Air 'n a bhàthadh an cuiridh :
'S i do ghuala bha làidir,
Ged a shàraich a' mhuir thu.

'S i do ghuala 'bha làidir,
Ged a shàraich a' mhuir thu ;
'S ann an clachan na tràghad,
"Tha mo ghràdh-sa bho'n uiridh

'S ann an clachan na tràghad,
'Tha mo ghràdh-sa bho'n uiridh :
Gun siod' air do chluasaig,
Fo lic uaine na tuinne.

Gun siod' air do chluasaig,
Fo lic uaine na tuinne :
Tha do chlaidheamh 'na dhùnadb,
Fo dhrùchdadh nan uinneag.

Tha do chlaidheamh 'na dhùnadb,
Fo dhrùchdadh nan uinneag ;
Do chuid chon air an iallaibh,
'S cha triall iad do'n mhonadh.

Do chuid chon air an iallaibh,
'S cha triall iad do'n mhonadh ;
Do fhrith nam beann àrda,
No gu àrd-bhéinn a' chuilinn.

Do fhrith nam beann àrda,
No gu àrd-bhéinn a' chuilinn ;
'S mi na m' shuidh' air an fhaodhlainn,
Gun fhaoilte, gun fhuran.

Since the day of my sorrow
I am weary with wailing,
Since the loss of the boatie,
Where the hero was sailing.

Since the loss of the boatie,
Where the hero was sailing,
Oh, strong was his shoulder,
Though the sea was prevailing.

Oh, strong was his shoulder,
Though the sea was prevailing,
Now he lies in the clachan
Whom I am bewailing.

Now he lies in the clachan,
Whom I am bewailing,
And a green grassy curtain
His cold bed is veiling.

And a green grassy curtain
His cold bed is veiling,
His sword in its scabbard
The rust is assailing.

His sword in its scabbard
The rust is assailing,
His hounds on their leashes,
Their speed unavailing.

His hounds on their leashes,
Their speed unavailing,
No more shall my hero
His mountains be scaling.

No more shall my hero
His mountains be scaling,
Sitting sadly, I sorrow,
Heavy-hearted and ailing.

Composed on the death of IAIN GARBH MACGHILLE-CALLUM of Raasay, by his sister.   Translated by L. MACBEAN.

7—MO MHALI BHEAG OG—MY DEAR LITTLE MAY.

KEY C.

{ .l | s .,s :m .,s | d' : s .,f | m : r .,d | d : -.s | d' .,d' : r' .,d' }
Nach truagh leat mi 's mi prio - san Mo Mha - li bheag òg? Do chairdean a cur
Dost thou not see my an - guish, My dear lit - tle May? In dungeon dark I

{ t : l .s | l .,t : l .,s | s : -.m | r .,m : s .,l | d' : r' .,d' }
binn orm, Mo chuid de'n t-saoghal thu. A bhean nam mala min - e, 'Snam
languish, My own darling May. No eyes were sweeter, clear - er, No

{ d' .,t : l .,s | s : l .t | d' .,t : l .,s | d' : s .,f | m : r .,d | d : -. }
pogan mar na fiognis, Is tu nach fhagadh shios mi le mi-ruin do bheoil!
kisses could be dear - er Than thine, my loving cheer - er, My dear little May!

Di-domhnaich anns a ghleann duinn,
 Mo Mhali bheag og,
Nuair thoisich mi ri cainnt riut,
 Mo chuid de'n t-saoghal mhor ;
Nuair dh' fhosgail mi mo shuilean
'S a sheall mi air mo chulaobh
Bha marcaich an eich chruthaich
 Tigh'n dlu air mo lorg.

Is mise bh' air mo bhuaireadh,
 Mo Mhali bheag og,
Nuair thain' an sluagh mu'n cuairt duinn,
 Mo ribhinn glan ur ;
Is truagh nach ann 'san uair sin
A thuit mo lamh o m' ghualainn,
Mu'n d'amais mi do bhualadh,
 Mo Mhali bheag og.

Gur boidhche leam a dh' fhas thu,
 Mo Mhali bheag og,
Na'n lili anns an fhasach,
 Mo cheud ghradh 's mo ruin ;
Mar aiteal caoin na greine
Am madninn chinin ag eiridh,
B'e sud do dhreach is t-eugais
 Mo Mhali bheag og.

Ged bheirte mi bho'n bhas so,
 Mo Mhali bheag og,
Cha'n iarrainn tuille dakach,
 Mo cheud ghradh 's mo ruin ;
B'annsa 'n saoghal s' flagail,
'S gu'm faicinn t'aodann ghradhach,
Gun chuimhn' bhi air an am sin
 'S an d' fhag mi thu ciuirt'.

Oh! hapless love that sought thee,
 My dear little May ;
Oh! fatal tryste that brought thee
 Along yon green brae ;
We met with words endearing,
No evil were we fearing,
When horsemen came careering
 In angry array.

My heart with anger bounded,
 My dear little May,
To see us thus surrounded,
 My lady so gay ;
Oh, withered let this arm be
That ever chanced to harm thee,
I never would alarm thee,
 My darling young May.

Oh, fairer wert thou, blooming,
 My dear little May,
Than lily sweet, perfuming
 Some glen far away,
Like morning glory gleaming,
Along the mountains streaming,
So was thy beauty beaming,
 My bright little May.

What though my life were spared me,
 My dear little May,
Now it can never shared be
 With kind little May !
I long to go, and never
From thee again to sever,
And there forget that ever
 I wounded my May.

Composed by a Highland officer, who accidentally killed a lady. Translation by L. MACBEAN. The air is very popular in the Highlands, but is claimed by the Irish.

8—LAOIDH OISEIN DO'N GHRIAN—OSSIAN'S HYMN TO THE SUN.

KEY B♭.

O thu - sa fein a shiubhlas shuas, Tha cruinn mar lan sgiath chruaidh nan triath
O thou that mov - est through the sky, Like shield of warrior round and bright,

Cia as a ta do dhearrs'gun ghruaim, Do sho - lus a ta buain a Ghrian?
Whence is thy glo - ry gleam - ing high, And whence, O sun, thy last - ing light?

Thig thu - sa mach 'nad àil - le threin, Is fal - nichidh na reul an triall,
In peer - less beau - ty thou dost rise And all the stars be - fore thee flee,

Theid ghealach sios gun tuar o'n speur, 'Ga clea - tha fein, fo stuaidh 'san iar.
The pal - lid moon for - sakea the skies To hide beneath the west - ern sea.

Tha thus' 'ad astar do] a mhàin,
Is co dha'n dana bhi 'ad chòir?
Feuch, tuitidh darag o'n chruaich aird,
Is tuitidh càrn fo aois is scòrr,
Is traighidh agus lionaidh 'n cuan,
Is coillear shnas an rè 'san speur,
Tha thus' ad aon a chaoidh fo bhuaidh
An aoibhneas bhuan do sholus fein !

Nuair dhubhas dorch tu'an domhain stoirm,
Le torrunn bòrb is dealan beur
Sealladh tu'nad àill' o'n toirm,
'S flamh gaire 'm brnaillean mòr nan speur.
Ach dhombsa tha do sholus faoin
'S nach fhaic mo shuil a chaoidh do ghnuis,
A sgaoileadh cùl a's orbhui' ciabh
Air aghaidh nial 's a mhadainn ùr,

A sgaoileadh cùl a's orbhui' ciabh
Air aghaidh liath nan nial 's an ear
No nuair a chrithens tu 's an iar
Aig do dhorsaibh clar air lear.
Ma dh' fheudte gu bheil thu 's mi fein
'An am gu treun 's gun fheunn 'an am,
Ar bliadhnaibh teannadh sios o'n speur
La chèile siubhal chum au ceann.

Bioth aoibhneas ortsa fein, a Ghrian,
A thrath 'ad òige neartmhor ta!
O.r 's dorch' mi-thaitneach tha an aois
Mar sholus faoin an rè gun chàil,
Fho n-oil a sealltuinn air an raon,
'S an liath-cheo faoin air thaobh nan càrn,
An osag fhuar o thuath air rèth,
Fear siubhail dol fo bheud 'se mall.

Thou movest in thy course alone,
And who so bold as wander near?
The mountain oak shall yet fall prone,
The hills with age shall disappear.
The changing main shall ebb and flow,
The waning moon be lost in night ;
Thou only shalt victorious go,
For ever joying in thy light !

When heaven with gathering clouds is black,
When thunders roar and lightnings fly,
Thou gazest lovely through the rack
And smilest in the raging sky.
But oh ' thy light is vain to me ;—
Ne'er shall mine eyes thy face behold,
When thou art streaming wide and free
O'er morning clouds thy hair of gold,

When thou art shedding wide and free,
O'er eastern skies thy hair of gold,
Or trembling o'er the western sea
At night's dark portals backward rolled.
Nay but, perhaps, both thou and I
From strength to weakness both descend,
Our years declining from the sky,
Together hasting to their end.

Rejoice, O sun, in this thy prime !
Rejoice, O chief, in youthful might !
Age is a dark and dreary time,
Feeble and faint as moon's wan light.
Struggling through broken clouds in vain,
While to the hills the mist hangs gray;
And northern gusts are on the plain,
Where toils the traveller on his way.

Translation by L. MACBEAN. One or two lines altered which were imperfect in original.

KEY **F**.

9—AN SGIOBAIREACHD—SKIPPER'S SONG.

f:d .,t₁ :d .,d | d' : s .,l : s .,f | m .d : r .,m : f .,l | s
Ballast 'chur 's na | cruinn, Cha chuir iunte | taic dhuinn,Siùil a chur ri | 'druim,
Sails beneath her passed | Won't drive the vessel | faster, Ballast on the mast

f:m .,d :m .,m | r .d :d .,t₁ :d .,d | d' : f .,m : f .,l | s
Cha chuir sgoinn'n a | h-astar; Stiùir 'chur os a | cinn, Cha dean iùl do 'n | luing
Could but bring dis - as - ter: | Who could steer her by | A helm against the sky?

f: l .,d' : t .,d' | s : t₁ .,d :m .,m | r .d :d .,t₁ :d .,r | m .f
'S pumpgun' cheonn's an | taoim Cha chuir sginn a | mach dhith. Nach e 'cenm bhlos | glagach,
Who could keep her dry | With the pumps around | her? She would swing and flounder,

f: s .,f :m .,r | m .d : f .,d' : t .,l | s :d .,d :m .,m | r .d
Null 's a nall, 's air | tarsainn? Ceart cha seòl i | dhuinn, 'S gleus gach buill ás | al - tan.
She would fill and founder, | Tackle all a - wry | Would quickly wreck or ground her.

Cha tearainteachd dhùinn
Toirt ar cùram seachad,
'G radh "Na abair dùrd,
Tha 'n *Insurance* beairteach;"
'S iomadh aon 'bha 'n dùil
Nach robh meang 'n an cùis,
D' a thrid 'chaill an cùrs',
Dh' easbhaidh dìdh ns faicill,
'S riamh nach d' rinaig dhachaidh
'Dh' ionnsaidh seòlaid acair',
'S nach do sheilbhich stùr
Dbeth na b' ùidh leo 'ghlacadh.
Ged robh sinn 's an luing,
Pailt an luim 's an acfhuinn,
'S ged b' eòl dhuinn le cinnt,
Fenm gach buill us beairte ;
Clod an etàth 'bhios dhuinn
Eòlas 'bhi 'n ar cinn
Air gach ball 'bhios innt',
Mur 'bi sinn 'g an cleachdadh?
Feumar còrd 's an acair',
'S 'cheann air bòrd 'bhi glaiste,
'S ris gach sruth us gaoith,
'N combaisd cruinn a leantainn.

Sad would be onr plight,
If, with mad assurance,
We should caution slight,
And trust to the insurance.
Many a witless wight,
Sure that he was right,
Lost his bearings quite,
All from being heedless ;
Thinking care was needless,
Land at last despaired of,
He was lost in night,
And never more was heard of.
What though we were packed
With plenty of equipment,
And knew what every tract
And tool about the ship meant!
Knowledge so exact
Might as well be lacked,
If we do not act.
The anchor to be able
To keep the vessel stable
Must have a proper cable,
The compass all compact
Must lie upon its table.

By JOHN MORRISON, Harris. Translation by L. MACBEAN.

10—TUIREADH AN T-SUIRICH—THE WOOER'S WAIL.

Lively.

```
{ :m |l   :l   :s  |l   :r   :m |s    :s   :m |s   :d  }
Chorus—Cha teid  mi  -  se   tuil - le   a   sheall - tuinn  na  cruinn - eig,
       Cha teid  nil -  se   tuil - le   a   sheall - tuinn  na  cruinn - eig,
       Nae mair will I   sal - ly    a   cour - tin'  of  Mal - lie,
       Nae mair will I   sal - ly    a   cour - tin'  of  Mal - lie,
```

D.C.

```
{:m |l   :l   :s  |l   :t   :d' |s    :m   :d |r   :- }
Cha  teid  mi  -  se   tuil - le  air  shuir - idh   na  ghleann,
Cha  dir  - ich   mi  bruth - aich cha'n  ur  - rainn  mi  ann.
I 'll gang  to   the   val - ley   a   cour - tin'   nae  mair,
Nor  gang  to   the   val - ley—  I 'm  trach - led  ower  sair.
```

```
{ :d' |r'  :l   :d' |r'  :l   :t |d'   :s   :t |d'  :s }
Song—Nuair rinn  mi   mo   bhrog - an  gu   anas - mhor  a   ghrobadh,
      A   sheall - tuinn  na   h-oigh - e  tha  thall - ad   a   chomhnuidh,
      On  my   shoon  I put   batches  of  el  - e - gant  patches,
      My  heart  it   was   wholly  up - lift - ed  and  joi - ly,
```

D.S.

```
{:d' |r'  :l   :d' |r'  :l   :d' |s    :m   :d |r   :- }
'S a  ghluais  mi,   cho   ceol - mhor  ri  smeor - ach  air  chrann,
Cha   chreid - inn   ri n'  bheo  gu'r   e   ghor - aich  a   bh' ann.
And   went   sing - ing  snatches  of  beau - ti - ful  song;
Nor   thought  it   was   fol - ly   that  sent  me   a - long.
```

Cha m'inntinn lan snigeart nuair rainig mi'n uinneag,
'Sni einnteach gun cumadh a chruinneag rium eannt,
Nuair dh'fhosgail i 'n duilleag 'sa theann mi ri furan,
'S ann thaom an truille an cnman m'am cheann.
Cha teid mise tuille, etc.

'S mar tuiginn an eannas sin stuig i na madaidh,
'Bha 'mathair sa h-athair a labba'rt le sgraing,
Thuit ceo air mo leirsinn 'us m' anail gam dhreugsinn,
An rathad cha b'leir dhomh 'us leum mi' san staing.

'Snti fodha gu m' shuilean an eabar an duna'n,
Mo bhrigia m'am ghluintean 'san cu oirt an geall,
Bu mhiosa na'n corr leam 'bhi faicinn na h-olusich,
Aig uinneag a seomair ri spors air mo cha'l.

Mar'phaisg air an ullaid, 'si dh'fhag mi am churraidh,
Mo chaiscart 'san runnaich, 's mo thrinbhos sa ghleann,
'Snti 'n so as mo letue ag altrom mo chreuchdan,
'San ionad nach leir dhomh am breid a chur teann.

Toirt boidean do Mhuirc 'sa 'g eigheach gu duineil,
Ged gheibhinn an cruthme 'sa h-uile ni th' ann,
Nach teid mise tuille a cheilidh no 'shuiridh,
'Snach fhaicear mo luideagan tuille 'sa ghleann.

Wi' bosom high-swellin' I cam to her dwellin',
I kent she was willin' to list to my tale;
I startit a-showin' my love overflowin',
She stopped me by throwin' aboot me the pail.
Nae mair, &c.

And then to pursue me she set the dogs to me,
My eyesight got gloomy. I felt like a fool;
Her parents were flytin', the dogs were for bitin';
I fled, and fell right in a big dirty pool!

The water was stinkin' in which I was sinkin',
The big dog was thinkin' he 'd noo get a bite,
But the thing maist annoyin' was to see her ongoin'
Lookin' oot and enjoying my terrible plight.

Bad luck to the wooin', it 'a been my undoin',
My breeks are a ruin, my bachles are gone,
And here I 'm endurin' and nursin' and curin'
My wounds, and securin' the bandages on!

I 'm vowin' and frettin' and manfully bettin'
That tho' I were gettin' the world for my share,
Nae mair will I sally a-courtin' of Mallie,
I' ll show in the valley my duddies nae mair.

Author—"AM BARD LUIDEAGACH." Translator—L. MACBEAN.

11—CAILLEACH BEINN A BHRIC—THE SPECTRE HAG.

KEY F.

d	.d	:r .m	s .l	:m „r	m .m :r .m	l .s „m :r	d .d	:r .m	s .l	:m

Cailleach mhór nan ciabhag glas, Nan ciabhag glas, nan ciabhag glas, Cailleach mhór nan ciabhag glas,

Great and hoary - headed hag, Great and hoary - headed hag, Great and hoary - headed hag

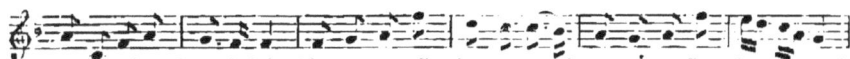

m	.s₁	:d .m	r .d :d	d .r :m .d'	l .s :s „t'	m .r :m .d'	t.l .s m :r

'S acfhuinneach i sbiubhal chàrn. Cailleach mhór nan ciabhag glas, Nan ciabhag glas, nan ciabhag glas,

walks the moorland fast and free. Great and hoary - headed hag, Great and hoary - headed hag,

CHORUS.

d	.r	:m .d'	l .s :s	s .s₁ :d .m	r „d :d	d .d :d .s	m .m :m

Cailleach mhór nan ciabhag glas, 'S acfhuinneach i shiubhal chàrn. Cailleach Beinn-a'- Bhric, ho-ró,

Great and hoary - headed hag Walks the moorland fast and free. Hag of Ben a Bhric, horo,

m	.r	:m .m	s .m :m.r	m .d :d .s	m .m :m	r .s₁ :d .m	r .d :d

Bhric ho - ró, Bhric ho - ró, Cailleach Beinn-a'- Bhric, ho-ró, Cailleach mhór an fhuarain hird

Bhric ho - ro, Bhric ho - ro, Hag of Ben a Bhric, horo, Spectre mountain hag is she.

Cailleach mhór nam mogan liath,
Nam mogan liath, nam mogan liath;
Cailleach mhór nam mogan liath,
Cha 'n fhaca sinne 'leithid riabh.
Cailleach Beinn-a'-Bhric, etc.

'De a thug thu'n diugh do'n bheinn,
Diugh do'n bheinn, diugh do'n bheinn,
'De a thug thu'n diugh do'n bheinn,
Chum thu mi gu'n bhein, gun sealg.

Bha thu fhein 's do bhuidheann fhiadh,
Do bhuidheann fhiadh, do bhuidheann fhiadh,
Bha thu fein 's do bhuidheann fhiadh
Air an traigh ud shios an de.

A chailleach—Cha leiginn mo bhuidheann fhiadh
Mo bhuidheann fhiadh, mo bhuidheann fhiadh
Cha leiginn mo bhuidheann fhiadh
Dh' imlich sligean dubh an traigh.

Ochan ! is i'n doirionn mhor
An doirionn mhor, an doirionn mhor
Ochan ! is i'n doirionn mhor
A chuir mis' an choill ud thall.

Cha'n ioghnadh mi bhi dubh, horo,
Dubh horo, dubh horo,
Cha'n ioghnadh mi bhi dubh, horo,
H-uile la a muigh, o h-i.

Cha'n ioghnadh mi bhi fliuch, fuar,
Fliuch fuar, fliuch fuar,
Cha'n ioghnadh mi bhi fliuch fuar,
H-uile h-uair a muigh gu brath.

'Sann an sud tha bhuidheann fhiadh,
Bhuidheann fhiadh, bhuidheann fhiadh,
'Sann an sud tha bhuidheann fhiadh,
Seachad an sliabh dubh ud thall.

Hag with great gray grisly paw,
Grisly paw, grisly paw,
Such a hag we never saw,
Never, never did we see.
Hag of Ben-a Bhric, &c.

What has brought her to the hill,
To the hill, to the hill?
She has wrought me muckle ill,
Kept her deer away from me.

She was with her flock of deer,
Flock of deer, flock of deer,
Yesterday she had her deer
On the beach along the sea.

The Hag : I would not take my flock of deer,
My flock of deer, my flock of deer,
I would not take my flock of deer
To lick black shells beside the sea.

Ochan ! it was weary woe,
Weary woe, weary woe,
Ochan ! it was weary woe
Sent me to yon wood to dree !

No wonder I am black, horo,
Black horo, black horo,
No wonder I am black, horo,
When I am always out, O hee.

No wonder I am cold and wet,
Cold and wet, cold and wet,
No wonder I am cold and wet,
When out for ever I must be.

But yonder is the flock of deer,
Flock of deer, flock of deer,
But yonder is the flock of deer,
Beyond the mountain you may see.

Said to be composed by a hunter who met the hag. Translation by L. M.

12—ORAN AN UACHDARAIN—SONG TO THE CHIEF.

KEY C.— *With spirit.*

Scisd. { m .,s : l .,t | l .,s : m | m .,m : d' .,d' | t : t . r' | m' .,l : l .,s }
Cho. { Faill ill ó ro, faill ill ó | Faill ill ó ro, eil - e, Hi | ri - thil uithil }
Fal il ô ro, fal il ô | Day around me spring - ing, Hee ri - hil uhil

FINE.

{ l .,l : t .,l | l .,s : r .,r | m : m . | r | m . s : l .,t | l . s : m .}
a - gus ó, 'S na thugaibh hóro eil - e. | Gur mise tha trom airtneulach
i - hil ô, No heart have I for sing - ing. At dawn I rise with weeping eyes,

D.C.

{ .r | m . m : d' . d' | t : t . d' | r' .,d' : t .,l | l . s : l . d' | t .,l : s . l | s,m.- | m . }
'S a mhadainn is mi 'g eiridh, Tha gaoth an ear a gobachadh, 'scha'n i mo thogairt fein l.
No heart have I for singing; Around me shrill the breezes chill Of eastern winds are stinging.

Tha gaoth an ear a' gobachadh,
'S cha'n i mo thogairt fhein i ;
'S i gaoth an iar, a b' aite leinn,
A's lasan oirre 'g eiridh.
    Faill ill, etc.

'Si gaoth an iar, a b' aite leinn
Is lasan oirre 'g eiridh
Gu'n tigeadh oirnn am bàta
D'am b' abhaist a bhi treubhach.

Gun tigeadh oirnn am bàta
D'am b' abhaist a bhi treubhach
Uachdaran na tir' oirre—
Mo dhith ma dh' eireas beud da!

Uachdaran na tir' oirre—
Mo dhith ma dh' eireas beud da !
Uachdaran na duthch' innte—
Gu bheil mo dhùrachd fein leis.

Uachdaran na duthch' innte
Gu bheil mo dhùrachd fein leis
Hi ri gu 'm b' ait leam fallain thu,
Ad chaisteal ann au Sléibhte !

Hi ri gu 'm b' ait leam fallain thu,
Ad chaisteal ann au Sléibhte
Far am bi na fidhleirean,
'S na pioban ann ga'n gleusadh.

Far am bi na fidhleirean
'S na pioban ann 'gan gleusadh
Ach 's mise tha trom airtneulach
'Sa mhadainn is mi 'g eiridh.

Around me shrill the breezes chill
Of eastern winds are stinging,
Oh, I would hail the western gale,
With blessings round it flinging.
Fal il òro, fal il ô, &c.

Yes, I would hail the western gale,
With blessings round it flinging,
Oh, that it brought the bonnie boat,
Light o'er the billows swinging.

Oh, that it brought the bonnie boat,
Light o'er the billows swinging,
And safe may float the bonnie boat,
Our gallant chieftain bringing.

Oh, safe may float the bonnie boat,
Our gallant chieftain bringing,
For our relief our country's chief,
To whom our hearts are clinging.

For our relief our country's chief,
To whom our hearts are clinging,
Oh would that he right gallantly
His way to Sleat were winging.

Oh, would that he right gallantly,
His way to Sleat were winging,
Where songs arise and harmonies,
With harp and pibroch ringing.

Where songs arise and harmonies,
With harps and pibroch ringing,
But now I rise with weeping eyes,
No heart have I for singing.

Popular West Highland song   Englished by L. MacLean.

13—CUMHA DO H-UISDEIN MAC-AOIDH—LAMENT FOR HUGH MACKAY.

KEY A♭.

> Nach crunidh an guth so th'aig an t-sluagh, Bho'n deach thu luath 's a dh'carb iad
> Oh sad this voice of woe we hear, And gone our cheer and pleasan-

> riut; Tha ghaoir cho en - mant aig daoin'-uaisl', Aig mnaibh alg tuath, 's aig scarbhan- tan ;
> try; One common grief, without re-lief, Has seiz'd on chief and peasantry;

> Cha'n 'eil bho'n Tòrr guruig an stòir, Aon duine beò, bho'ndh'fhalbh thu bhuainn,
> In hut or hall, or merchant's stall, There 's none at all speaks cheerfully ;

> A's urrainn còmhradh mu' na bhòrd, Ach tùirseach, brò - nach, marbhran- nach.
> Since that sad day he went a-way, Naught can we say, but tearfully.

Cha'n ann mu'n callan codach fhéin,
 Tha'n sluagh gu léir cho casmhorach,
Ach aon 'thoirt bhuap' gun aon fhear-fuath.
 'S an robh gach buaidh cho casmhorach.
A phears' gu léir, a dhreach 's a chéill,
 Anns nach bu léir dhuinn failligeadh ;
Mach bho'n éug bhi 'enr 'an ceill
 Nach' eil gach cré ach bàsmhorach.

's llonmhor cridhe 'thuit a mhàn
 Mu'n cuairt. air 'a do thiodhlacaidh,
'Bha 'g earbsadh ciunteach ri do linn
 'Dhì suidhicht' 'an inntinn shlorbheartaich
Bha ioma ceud dhe d'fhine fhéin
 A' deanamh féum mar lomhaigh dhiot ;
Ach dhcarbh am beum so dhuinn gu léir,
 Nach 'eil fo'n ghréin ach dlomhanas.

Co an duine thug ort bàrr
 Am broith, 'am pairt, 's an ionnsachadh ?
No co an t-aon a shensas d'ait'
 Dhe'n tb'air an cràdh ga d'ionndraichinn ?
Gach beag 'us mòr gach seau 'us òg,
 Le gal, 'us debir ga'n ceannsachadh.
Ge tric le bròn 'bhi tuisleach òirnn',
 Cha tig an còrr le aon duin' dheth.

It is not private loss or woe
 That makes the blow so rigorous,
But his sad fate whom none could hate,
 With mind so great and vigorous.
For none could find, in heart or mind,
 A fault in kind or quality.
Now he is not, though we forgot
 Our common lot, mortality.

Oh, many a man was filled with gloom
 That round thy tomb stood silently ;
Hearts that were buoyed with hopes now void
 By death destroyed so violently.
By clansmen prized and idolised,
 His worth disguised humanity,
But this fell blow, alas ! will show
 There 's nought below but vanity.

He was excelled by none on earth,
 Wit, wisdom, worth adorning him ;
And none can fill his place but ill
 Of those who will be mourning him.
The hearts are wrung of old and young,
 The mourner's tongue is failing inn,
Oh, never more shall we deplore
 One man so sore bewailing him '

Music and words by ROB (DONN) MACKAY. Translation by L. MACBEAN.

14—MO CHAILIN DILEAS DONN—MY FAITHFUL BROWN-HAIRED MAID.

KEY F.

{: s₁ |d .d : - |r : -.m |1 : - |s : -.f |m .d : - |1₁ : -.t₁|d : -| - : s₁ |d .d : - |r : -.m }

Gu ma slan a chi mi a chailin di-leas donn! Beam a chuailein

Oh! happy may I see thee, my faithful brown-hair'd maid! My sweet light-hearted

{|d' : - |t : -.d'|1 : -.s |m : -.s |1 : - | - : d'|s : m |s : 1 .t |d' : - |t : -.d'}

reidh, air an 'deis' a dh'ei-readh fonn; 'Si cainnt do bheoil a's binn leam,nuair

la - dy, in flow - ing locks ar-rayed; Thy voice,like soothing mu - sic, has

{|1 : -.s |m : -.s|1 : - | - : d'|s : -.1 |s : m |1 : - |s : -.f |m .d : - |1₁ : -.t₁|d : -| -||

bhitheas m'inntinn trom, 'S tu thog-adh suas mo chridh'nuair a bhi'dh tu bruidhinn rium.

oft my grief al-layed, Thy words dispelled the woes that up-on my spi - rit weighed.

Gur muladach a ta mi,
'S mi nochd air aird a' chnain,
'S neo-shunndach mo chadal doimh,
'S do chaidreamh fada nam ;
Gur tric mi ort a smaointeach ;
As d'aogais tha mi truagh ;
'S mar a dean mi d'fhaotainn
Cha bhi mo shaoghal buan.

Suil chorrach mar an dearcag,
Fo rosg a dh' iadhas dlu;
Gruaidhean mar an caoran,
Fo 'n aodann tha leam cinin;
Aidicheam le eibhneas
Gun d' thug mi fein duit run ;
'S gur bliadhna leam gach la
O'n uair a dh'fhag mi thu.

Theireadh iad ma 'n d' fhalbh mi uat,
Gu 'm bu sbearbh leam dol ad choir,
Gu 'n do chuir mi cul riut,
'S gun dhiult mi dhuit mo phog.
Na cuireadh sid ort curam,
A ruin, na creid an sgleo ;
Tha d'anail leam ni's cubhraidh,
Na'n driuchd air bharr an fheoir.

My lot this night is dreary
Upon the surging deep,
And comfortless my slumber
When far from thee I sleep.
But back to thee, my maiden,
My restless thoughts shall sweep,
And few shall be my years
If without thee I must weep.

Like berries, 'neath their lashes
Thine eyes are soft and clear;
Like rowans, 'neath thy placid row
Thy glowing cheeks appear.
Oh, gladly do I tell thee, love,
That I have held thee dear,
And since I had to part from thee,
Each day has seemed a year.

What though they tell thee that I had
Begun my choice to rue,
That I forsook my maiden
And from her kiss withdrew !
Let not the story grieve thee;
My love, it is not true:
Thy fragrant breath is sweeter
To me than morning dew.

Gaelic words by HECTOR MACKENZIE, Ullapool. Translation by L. M.

15—H-UGAIBH! H-UGAIBH!—AT YOU! AT YOU!

KEY C.

```
f :d',d'.—  |d',s.—  :d'.d' |d'.,d':d'.d' |m'.,r' :d'.l |l., 
 H-ugaibh!  h-ugaibh!  bo, bo, bo!  An doctair Leodach 's biodag air,
 At you!    at you!    bo, bo, bo!  Take care what may  become  of you,
```

```
f,d':m'.m' |m'.,r':d'.d' |d'.,l :s.s |s.,f :m.,d |d
  Faicill   oirbh 'san taobh sin thall, Nach toir e 'n ceann a thiota dibh!
 The doctor  with his dirk may go, And take the head off some of you!
```

Biodag 's an deach' an gath-seirg
Air crios seilg an luidealaich ;
Bha seachd oirlich oirr' a mheirg,
Gur mairg an rachadh bruideadh dhi.
    H-ugaibh, &c.

Bha thu na do bhasbair corr,
'S claidheamh-mor an tarruinn ort,
An saighdear 's miosa th'aig righ Deors',
Chombraigeadh e Alasdair.
    H-ugaibh, &c.

Claidheamh, agus sgabard dearg,
'S cearbach sud air amadan,
'Ghearradh amhaichean nan sgarbh,
A dh'fhagadh marbh gun anail iad.
    H-ugaibh, &c.

Gu'm biodh sud ort air do thaobh,
Claidheamh caol 'sa ghliogartaich ;
Cha'n 'eil falcag thig o'n traigh,
Nach cuir thu barr nan itean di.
    H-ugaibh, &c.

See on his belt, with rags and dust,
The dirk with all the rust of it ;
'Twould kill a man with sheer disgust,
If he should get a thrust of it.
    At you! &c.

As fencer bold he used to swing
His sword, but made so small a stir,
The poorest soldier of the king
Would dare to fight with Allaster.
    At you! &c.

Claymore and scabbard bright he vaunts
And clumsily he carries them ;
He chops the heads off cormorants
And hews and hacks and harries them.
    At you! &c.

Brave at his side the sword must be
That he must clank and rattle with ;
And ne'er a bird can come from sea
But he will boldly battle with.
    At you! &c.

16—BROSNACHADH-CATHA—ANCIENT WAR-SONG.

KEY A.—*Boldly.*

```
{ .l₁ |d .d :d  :-.l₁ |m .d :m  :-.r |m .d :l₁ :-.t₁ |d :- }
{  A  |mbacan ceann,  Nan|cursa  srann,  Ard-|leumnach dàn  air |magh, }
   O  high-born son,  Let fame be  won,  Thy steeds for  bat - tle prance,

{ .l₁ |d .d :m  :-.r |f .r :t₁  :-.r |f .f :s  :-.t₁ |d :- ||
{ Falgh |buaidh 'san t-stri, Sgrios|sios gnn  dìth  Ar |naimhde, righ  nan |sleagh!
   Oh,  win renown,  Our foes cut  down,  O king of spears,  advance!
```

Lamh threin 's gach càs!	O arm of might!
Cridh' ard gun sgath!	Brave heart in fight!
Ceann airm nan roinn gear goirt!	With swords and lances keen,
Gearr sios gu bàs,	O'er foes prevail,
Gun bhàrc sheol bhàn	Let no white sail
Bhi snàmh mu dhubh Innis-torc.	Round Innistore be seen.
Mar thairneanach bhaoghal	Thy strokes shall clash,
Do bhuille, laoich,	Like thunder crash,
Do shuil mar chaoir ad cheann,	Like lightning flash thine eye,
Mar charraig chruinn	Thy heart a rock,
Do chridh' gun roinn,	In battle shock,
Mar lasan òich' do lann.	Thy blade a flame on high.
Cum suas do sgiath,	Thy target raise,
Is crobhaidh nial,	And let it blaze
Mar chiach bho reul a bhàis.	Like death-star's baleful light,
A mhacain cheann,	O chief renowned.
Nan cursau srann,	Whose chargers hound,
Sgrios naimhde sios gn lar!	Cut down our foes in fight!

Gaelic words very old, probably of the Ossianic era. Translation by L. MacBean. Music published here for the first time.

17—COIRE-CHEATHAICH—THE MISTY DELL.

KEY F.

:l₁ :r .,m	r :d .l₁:r .,m	f :s .f :m .r	d :d .,r :d .l₁	d :-.,
'Se Coire-	cheathaich nan aigbean	siùbhlach, An Coire	rùmach is ùrar	fonn,
My Misty	Cor - rie, by deer fre - quent - ed, My lovely	valley,	my verdant dell,

.r :r .,m	r :d .l₁:r .,m	f :s .s :l .l	r :r .,r :l .l	s :-.,
Gu lurach	mind-fheurach, min-gheal,	sùghar, Gach lusan	fìùar bu chùbhraidh	leam;
Soft, rich and	gras - sy, and sweetly	scented, With every	flow'r that I love so	well;

.l :l .,l	r :r .r :l .,l	s :f .f :m .r	d :d .,r :d .l₁	d :-.,
Gu molach,	dùbh - ghorm, torrach,	luisreagach, Corrach,	plùranach, dlu-ghlan,	grinn,
All thickly	growing, and brightly	blow - ing, Upon its shag - gy and dark green lawn,

.r :r .,m	r :d .l₁:r .,m	f :s .s :l .l	r¹ :l .,s :f .m	r :-
Caoln, ballach,	dìtheanach, canach,	misleanach; Gleann a	mhillteich 's an Monadhor	mang.
Moss, canach,	daisies adorn its	maz - es, Thro' which skips lightly the graceful fawn.

Tha mala ghruamach de'n bhiolair uaine,
 Mu'n h-uile fuaran a th'anns an fhonn;
Is doire shealbhag aig bun nan garbh-chlach,
 'S an grinneal gainmhich gu meanbh-gheal
    pronn;
'Na ghlugan plumbach air ghoil gun aon-teas,
 Ach coileach bhùirn tigh'nn a grunnd eas lòm,
Gach sruthan ùiseal 'na chuailean cùl-ghorm,
 A ruith 'na spùta 's 'na lùba steall.

'S a mhaduinn chiùin-ghil, an am dhomh dùsgadh,
 Aig bun na stuice b'e 'n sugradh leam;
A chearc le sgiucan a gabhail tùchain,
 'S an coileach cùirteil a dùrdail cròm;
An dreathan sùrdail 's a ribheid chiùil aig'
 A cur nan sruhid dheth gu lùghor binn;
An druid 's am brù-dhearg le muran ùinich,
 Ri ceileir sunntach bu shiubhlach rann.

The watercresses surround each fountain
 With gloomy eyebrows of darkest green;
And groves of sorrel ascend the mountain,
 Where loose white sand lies all soft and clean;
Thence bubbles boiling, yet coldly coiling,
 The new-born stream from the darksome deep;
Clear, blue, and curling, and swiftly swirling,
 It bends and bounds in its headlong leap.

How sweet when dawn is around me gleaming
 Beneath the rock to recline, and hear
The joyous moor-hen so hoarsely screaming,
 And gallant moorcock soft-crooding near!
The wren is bustling, and briskly whistling,
 With mellow music a ceaseless strain;
The thrush is singing, the redbreast ringing
 Its cheery notes in the glad refrain.

From the song by DUNCAN BAN M'INTYRE. Translation by L. MACBEAN.

18—MAIRI BHAN OG—FAIR YOUNG MARY.

KEY B♭.

{ :m₁ | l₁ :t₁ :l₁ | d :- :r | m :- :d | r :d :t₁ | m :- :l₁ | l₁ :t₁ :l₁ | s₁:-:-| : }

A Mhairi bhan òg, 's tu'n òigh th'air m' aire Ri'm bheo bhi far am bith'nn fhein;
Oh, rapture to be, my fair young Mary, With thee, my beauti-ful bride;

{ :m₁ | l₁ :t₁ :l₁ | d :- :r | m :- :d | r :m :s | m :- :d | r :d :t₁ | l₁:-:-| : }

O'n fhuair mi ort còir cho mòr 's bu mhaith leam, Le pos-adh ceangailt' o'n chleir;
In love true and strong that ne'er shall vary, A bond the clergy have tied;

{ :m :f | s :f :m | l₁:- :d | r :- :d | t₁ :l₁ :s₁ | r :- :d | t₁ :l₁ :s₁ | s₁:-:-| : }

Le cumhnantan teann, 's le banntaibh daingean, Le smaoin a dh'fhanas 's nach treig,
This cov-e-nant sure, ap-proved by heaven, Secure shall ever a-bide,

{ :m₁ | l₁ :t₁ :l₁ | d :- :r | m :- :d | r :m :s | m :- :d | r :d :t₁ | l₁:-:-| :|| }

'Se t'fhaotainn air laimh le gradh gach caraid Rinn slàin-te maireann a'm chrè.
And since with good-will thy hand was given, I thrill with pleasure and pride.

Bheirinn mo phòg do'n òg mhnaol shomalt'
A dh' fhàs gu boinneanta, caoin,
Gu milleant, còmhnard, seocail, foinnidh,
Do chòmhradh gheibh mi gu saor:
Tha mi air sheòl gu leòir a'd' chomain
A' bhòid 's a chuir thu gu faoin
Do m' smaointean gòrach pròis nam boireannach,
'S còir dhomh fuireach le h-aon.

Chaidh mi do'n choill' an robh croinn is gallain,
Bu bhoisgeil scalladh mu'n cuairt,
'S bha miann mo shùl do dh' fhiuran barraicht
An dlùthas nam meanganan suas;
Geug fo bhlàth o bàrr gu talamh,
A lub mi farasda nuas,
Bu duilich do chàch gu bràch a gearradh
'S e'n dàn domh 'm faillean a bhuain.

My love to my bride, with dear caresses
And pride, shall ever be shown;
Each virtue most rare her soul possesses,
And fair and sweet has she grown.
My thoughts used to rove in boyish folly,
Ere ever her love I had known;
But, now I 'm her own, my heart is wholly
My darling's alone—alone.

Where woodlands are green with trees well
A scene of beauty to view, [nourished,
I found, with delight, one stem that flourished,
Of bright and beautiful hue:
That bough from above, desiring greatly,
With love unto me I drew;
None else could have moved that tree so stately,
'Twas only for me that it grew.

A song to his newly wedded spouse, by D. (Bàn) M'Intyre; translation by L. MacBean. Other forms of this fine air will be found in *Sacred Songs of the Gael*, *The Thistle*, and Capt. Fraser's Collection.

19—CHA TILL E TUILLE—LAMENT FOR MAC CRIMMON.

KEY F.

|:r |l :-:s |l :-:r |l :t :l |s :m :r |l :-:s |l :-:m |s :m :d |m :r|

Dh'iadh ceo nan stuc mu eu - dann Chuilion, Is sheinn 'bheno-shith a torman mulaid,

O'er Coollu's face the night is creeping, The banshee's wail is round us sweeping;

|:m |l :-:s |l :-:r |r':d':t |l :r :m |s :-.l:s |m:-:d'|s :d :r |m :r|

Gorm shuileon ciùin 's an Dùin a sileadh, O'n tbriall thu uaino 's nach till thu tuille!

Blue eyes io Duin are dim with weeping. Since thou art gone and ne'er re - turnest.

SEISD— |:d |s :-:d |l :-:d |s :-:m |r :d :d |d :-.r:d |d':-:s |d':-:l |l :s|

Cha till, cha till, cha till Mac Criomaina, Au cogadh no sith cha till o tuille,

CHORUS— No more, no more, no more returning, In peace oer in war is he returning;

|:s |s :-.l:t |d':-:s |l :-:l |s :m :d |f :-.m:f |s :-:m |r :-:m |r :d|

Le airglod no ol cha till Mac Criomainn, Cha till e gu brath gu la na crulune.

Till dawns the great Day of Doom and burning, MacCrimmon is home no more returning.

Tha osng nam beann gu fann ag imeachd,
Gach sruthan 's gach allt gu mall le bruthach,
Tha ealtainn nan speur feadh gengan dubhach,
A caoidh gu'n d' fhalbh 's nach till thu tuille.

Tha'n fhairge fa dheòidh lan bròin is mulaid,
Tha'm bàta fo sheol, ach dhiult i siubbal ;
Tha gàirich nan tonn le fuaim neo-shubhach,
Ag radh gun d' fhalbh 's nach till thu tuille.

Cha chluinnear do cheol 's an Dun mu fheasgar,
'S mac-talla nam mur le mhiru 'ga fhreagairt,
Gach fleasgach is òigh gun cheòl, gun bheadradh,
O'n thriall thu uaino 's nach till thu tuille.

The breeze of the bens is gently blowing,
The brooks in the glens are softly flowing;
Where boughs their darkest shades are throwing,
Birds mourn for thee who ne'er returnest.

Its dirges of woe the sea is sighing,
The boat under sail unmoved is lying;
The voice of the waves in sadness dying,
Say, thou art away and ne'er returnest.

We'll see no more Mac Crimmon's returning,
Nor in peace nor in war is he returning;
Till dawns the great day of woe and burning,
For him, for him there's no returning.

Composed on the departure of DONALD MAC CRIMMON, piper to the Laird of MACLEOD, in 1745. He never returned. The verses were composed by his sister; translation by L. MACBEAN. This beautiful set of the melody appears, with harmony and accompaniment, in *The Thistle*.

20—OISEAN IS MALMHINE—OSSIAN AND MALVINA.

KEY F.

|d :d |d :-.r|m :r |d :- |r :r |l :-.se|l :s.f |f :- |f :f |l :-.s |s:m |m:- |
'Se guth cìùin mo rùin a th' ann, 'S ainmic thu gu m'aisling fèin ; Fosglaibh aibhs'bhur talla thall,
'Tis my lover's tones that call, In my dreams they seldom rise; O - pen wide your azure hall,

|d :d |r :-.m |d :-.t, |l,:- |m :l |l :-.se|m : se |l :- |d :d |l :-.s |
Shinnsre Thoscair, nan ard speur. 'Se do chomhnuidh-s' m'anam fein, A shil Oiscin,
Race of Tos - car in the skies. Thou dost dwell within my soul, Son of Ossian,

|f :s.f |m :- |d :d |l :-.s |s :m |m :-.r |d :d |r :-.m|d :-.t,|l,:- |
's treine laimh, Eiridh m' osnadh moch gun fheum, Mo dhcoir mar shileadh speuran àrd.
might - y chief; Like heaven's rain my tears down roll, Every morn renews my grief.

Bu chrann aillidh mi, threin nan seod,
Oscair chorr, le geugaibh cùbhr';
Thainig bàs mar ghaoth nan torr;
Thuit fo sgcith mo cheann fo smùr,
Thainig carrach caoin fo bhraon,
Cha d'cirich duilleag fhaoin dhomh fein;
Chunnaic oigh mi fo shamhchair thall,
Bhuail iad clarsaiche mall nan teud.

OISEAN:
Caoin am fonn 'na mo chluais fein,
Nighean Lotha, nan sruth fiar,
'N cual thu guth nach 'eil beo 's a bheinn
An aisling, ann do chodal ciar ?
Nuair thuit clos air do shuilibh mall
Air bruachan Mòrsbruth nan toirm beur',
Nuair thearnadh leat o sheilg nan càrn,
An latha ciùin, ard ghrian 's an speur.

Chuala tu 'n sin bàrda nam fonn,
'S taitneach ach is trom do ghuth;
'S taitneach, Mhalmhine nan sonn,
Leaghaidh bròn am bochd anam dubh.
Tha aoibhneas ann am bron le sith
Nuair shuidhicheas àrd strì a bhròin ;
Caitbidh cumha tursaich gun bhrìgh
Gann an lài' an tir nan scòd.

I was once a stately tree,
My fair boughs were Oscar's pride,
But his death soon blighted me,
And my blossoms drooped and died.
Spring returned with flower and leaf,
But no leaf on me was found;
Virgins saw my silent grief,
Struck the harp of softest sound.

OSSIAN:
Sweet the music in my ears,
Maid from Lotha's winding streams,
Has the voice of other years
Sounded fondly in thy dreams?
When, descending from the chase,
Thou by Moru's banks didst lie,
Clasped in slumber's soft embrace,
'Neath the calm and sultry sky—

Melodies all faint and low,
O Malvina, round thee stole;
Sweet but sad thy tones, and oh!
Sorrow melts the weary soul.
There is joy in peaceful woe
When subsideth sorrow's strife;
Idle tears should cease to flow,
Grief consumes the mourner's life.

Lines selected from the introduction to Ossian's poem of "Croma," and translation by L. MACBEAN. This beautiful Ossianic air is preserved in Capt. FRASER's collection.

21—AM BUAIREADH—THE TEMPTATION.

KEY O.

```
|s :d |d :s |l.s :f.m |s :d |d :s |m :d' |s :d |d :s |
 Thug mi mionnan mòr',   ('S còir an cumail daingean),  Fuireach fad mo
 I have vowed a    vow,   Sworn an  oath most drastic,   That I shall from
```

```
|l.s :f.m |f :r |r :m |f :l |d' :-.r' |d' :s |m.f :s.m |d' :-.r' |
 bheb     Mar bu chòir do mhanach. Falaich uam do ghnùis,    ciurrar
 now      Live a life mon-as-tic.  Then oh, hide thy face,    Turn a-
```

```
|d' :d |m :s |d' :-.r' |m'.r' :d'.t |d' :s |l :r' |r' :r |f :l |
 mi le  dealan, Ead-ar gath do shùl  'S luhag-an na  lainnir.
 way the lightning of thy dazz-ling grace, And thy glances bright'ning.
```

Ni do mhala dhonn
  (Crom mar bhogha-saigheid)
Guin a chur am chom
  Ceart cho trom ri claidheamh.
Tha do bhilean blath
  Tàladh a chum meallaidh;
Dhuraiginn—ach, á!
  Cum iad as mo shealladh.

Fuirich, fuirich thall,
  Mu'n tog clann dhe t'anail;
Iomairt ann am cheann
  Bheir fo gheall mi baileach.
Cuiridh tu le d' bhoidhch',
  Mionnan mor as m' aire;
Mur a fau thu fòil
  Gòisnichidh tu manach.

Lest thy bending brows
  Pierce my soul, and slay more
Quickly than bent bows
  Or a shining claymore;
Lest thy warm lips draw
  My heart to sweets forbidden;—
I could wish—but, ah!
  Keep, oh, keep them hidden.

Keep thy breath away,
  Its fragrance round me stealing
Sends my thoughts astray,
  And sets my brain a reeling.
I am so beset
  With thy witching beauty,
That I may forget
  Vows and sacred duty.

Song by "Eagar;" translation by L. M.

22—EALAIDH GHAOIL—A MELODY OF LOVE.

KEY E♭.

:d .d	r	:r .,m	r	:m .s	l	:s .l	r	:m .f	s	:m .r

SEISD—Air | faill - ir - in, | ill - ir - in, | uill - ir - in, | O, | Air | faill - ir - in,

CHORUS—Air | fal - yir - in, | eel - yir - in, | ool - yir - in, | O, | Air | fal - yir - in,

d	:r .m	s	:m .r	d	:d .m	s	:s .,m	s	:s .s

ill - ir - in, | uill - ir - in, | O, | Air | faill - ir - in, | ill - ir - in,

eel - yir - in, | ool - yir - in, | O, | Air | fal - yir - in, | cel - yir - in,

l	:t .d¹	r¹	:l .t	d¹	:t .l	s	:l .d¹	l .s	:f .m	r

uill - ir - in, | O, | Gur | boidheach | an | comunn | tha | comhnuidh'n Srath- | mor.

ool - yir - in, | O, | For | kingdom | and friendship | and | bon - nie Strathmore.

Gur gile mo leannan
Na'n eal' air an t-snamh,
Na cobhar na tuinne,
'S c tilleadh gu traigh,
Na'm blath bhainne buaile,
'S a chuach leis fo bharr,
No sneachd nan gleann dosrach
'G a fhroiscadh mu'n bhlar.

Mar na neoil bhuidhe lubas
Air etuchdaibh nan sliabh,
Tha cas-fhalt mo ruin-sa
Gu siubhlach a sniomh;
Tha gruaidh mar an ros
Nuair a's boidhche bhios fhiamh
Fo ur-dhealt a Cheitein
Mu'n eirich a ghrian.

Nuair thig samhradh nan neoinean
A comhdach nam bruach,
Bi'dh gach eoinean 's a chrochd-choill'
A ceol leis a chuaich;
'S bi'dh mise gu h-cibhinn
A leumnaich 's a ruaig,
Fo dhluth-gheugaibh sgaileach,
A manran ri m' luaidh.

Not the swan on the lake,
Or the foam on the shore,
Can compare with the charms
Of the maid I adore;
Not so white is the new milk
That flows o'er the pail,
Or the snow that is shower'd
From the brow of the vale.

As the cloud's yellow wreath
On the mountain's high brow,
So the locks of my fair one
Redundantly flow;
Her cheeks have the tint
That the roses display
When they glitter with dew
In the morning of May.

When summer bespangles
The landscape with flowers,
And the thrush and the cuckoo
Sing soft in their bowers,
Through the wood-shaded windings
With Bella I'll rove,
And feast unrestrained
On the smiles of my love.

The first verse of the Gaelic words is the composition of Mrs MACKENZIE of Balone. The rest, Gaelic and English, is by EWEN MACLACHLAN.

23—FEAR A BHATA—THE BOATMAN.

Slowly and tenderly.

KEY E♭.

{(.r):r „m |f :d'.,l :1‿s.f |m :s.(l):l.,r |r :d .r :m .,r |r‿d.-:l₁ }

'S tric mi| sealltuinu o'n chnoc a's |air - de, Dh'fheuch ann| faic mi fear a |bhà - ta,
I climb the mountains, and scan the o - cean For thee, my boatman, with fond de-vo - tion,

Seisd.—Fhir a bhà - ta, na ho - ro ei - le, Fhir a bhà - ta, na ho-ro ei - le,

Chorus.—O, my boatman, na ho - ro ai - la, O, my boatman, na ho-ro ai - la,

{(.r) :r .,m |f :s .f :m .r |f :s .,(s):l .d' |r' :d'.l :l‿s .m |r :r .||

{An tig thu'n| diugh no an tig thu| maireach? 'S mur tig thu| i - dir gur truagh a;| ta mi!
When shall I see thee? to-day? to - morrow? Oh! do not leave me in lone - ly sorrow.

Fhir a bhà - ta, na ho - ro ei - le, Gu ma slan duit's gach ait' an teid thu!

O, my boatman, na ho - ro ai - la, Happy be thou where'er thou sailest!

Tha mo chridhe-sa briste, bròite;
'S tric na deoir a ruith o m' shùilean;
An tig thu nochd, no 'm bi mo dhùil riut?
No 'n dùin mi 'n dorus, le osna thursaich?

'S tric mi foighneachd de luchd nam bàta,
Am fac iad thu, no 'm bheil thu sàbhailt;
Ach 's ann a tha gach aon diubh 'g ràite,
Gur gòrach mi, ma thug mi gràdh dhuit.

Gheall mo leannan domh gùn dhe 'n t-sioda,
Gheall e siod agus breacan riomhach;
Faiun' òir anns am faicinn iomhaigh;
Ach 's eagal leam gun dean e dì-chuimhn'.

Ged a thuirt iad gu'n robh thu aotrom,
Cha do lughadaich siod mo ghaol ort;
Bi'dh tu 'm aisling anns an òidhche,
Is anns a mhaduinn bi'dh mi 'g ad fhoighneachd.

Thug mi gao' duit 's cha 'n fhaod mi àicheadh;
Cha ghaol bliadhna, 's cha ghaol ràidhe;
Ach gaol a thòisich nuair bha mi 'n phàisde,
'S nach searg a chaoidh, gus an claoidh am bàs mi.

Tha mo chàirdean gu tric ag innseadh,
Gu'm feum mi t'aogas a chur air dì-chuimhn';
Ach tha 'n comhairle dhomh cho diomhain,
'S bhi pilleadh mara 's i tabhairt lionaidh.

Bi'dh mi tuille gu thrasach, deurach,
Mar eala bhàn 's i an dèigh a reubadh;
Guileag bàis aic' air lochan feurach,
Is each uile au deigh a tréigsinn.

Broken-hearted I droop and languish,
And frequent tears show my bosom's anguish;
Shall I expect thee to-night to cheer me?
Or close the door, sighing sad and weary?

From passing boatmen I'd fain discover
If they have heard of, or seen my lover;
They never tell me—I 'm only chided,
And told my heart has been sore misguided.

My lover promised to bring his lady
A silken gown and a tartan plaidie,
A ring of gold which would show his semblance,
But, ah! I fear me for his remembrance.

That thou 'rt a rover my friends have told me,
But not the less to my heart I hold thee;
And every night in my dreams I see thee,
And still at dawn will the vision flee me.

I may not hide it—my heart's devotion
Is not a season's brief emotion;
Thy love in childhood began to seize me,
And ne'er shall fade until death release me.

My friends oft tell me that I must sever
All thought of thee from my heart for ever;
Their words are idle—my passion 's swelling,
Untamed as ocean, can brook no quelling.

My heart is weary with ceaseless wailing,
Like wounded swan when her strength is failing,
Her notes of anguish the lake awaken,
By all her comrades at last forsaken.

Authoress unknown; translation by L. MACBEAN. This plaintive melody is a great favourite.

24—AN GAOL TAIRIS—THE FAITHFUL LOVE.

KEY Eb.

:m.,f	s :d :d	d :-.r:m	r :- :m.,f	s :m :s	l :- :s	s :-
O!	bhuanaich sinn	tairis 'n ar	gaol, Fad	bhliadhna bu	chaochlach	cuairt;
Our love has	been	constant and	bright, Nor	changed with the	changeful	years;

:l₁.,t	d' :-.t :l	s :-.f :m	r :- :m.,s	l :s :m	r :- :m	d :-
A	sealbhachadh	aoibhneis a	cheil' 'S a	measgnadh ar	deur 's ar	smuairn.
Each glad' in the	oth·er's delight,		And mixing our	cares and tears.		

'S nuair dh' fhair'inn-sa mulad no beud
Ghrad thigeadh o'd bheul dhomh fòir,
Oir dh' iompaicheadh d'fhailte gun phleid
Gach duibhre gu leus thra-nòin.

'S tric aighear 'us subhachas daond'
A tionndaidh gu aoigh a bhròin,
Mar thuirlingeas duilleach nan craobh
A's t·fhoghar, 's an raon fo cheò.

Ge minic a dh'fhiosraich sinn daor
A mhalairt so, ghaoil, fo leòn,
Gur h·eòl dhuinn le cheil' air gach taobh
A h·aon nach d'rinn aom o'n nòs.

O! bhuanaich sinn tairis 'nar gaol
Fad bhliadhna bu chaochlach cuairt,
A sealbhachadh aoibhneis a cheil'
'S a measgnadh ar deur 's ar smuairn.

Is caidreannaid dochas gun gèill
Na shiubhail d' ar rè do'n chòrr;
Co·phairticheams' acain do chleibh
'Us gabh·s' air m' uil' eibhneis còir.

Had I ever a trouble or grief
But your help and caresses came soon?
Your kindness still brought me relief,
And changed all my darkness to noon.

Earth's rosiest pleasures one sees
Oft turn to the pallor of pain,
As when autumn dismantles the trees,
And makes barren and bleak the plain.

Our joys into griefs thus to run,
My darling, too often we knew;
But each of us still knew of one
That was always found tender and true.

Our love has been constant and bright,
Nor changed with the changeful years,
Each glad in the other's delight,
Aye mixing our troubles and tears.

Then, dear, let us hope the worst part
Of our life is the part that is flown;
Let me share all the woes of your heart,
And make all my gladness your own.

Song by "Abrach;" translation by L. M. The air is known as "Cha'n innis mi dh' aon tha fo'n ghrèin."

25—CUMHA MHIC-AN-TOISICH—MACKINTOSH LAMENT.

KEY B♭.

m :- : r	m :-: -	m :- : r	d :- : -	r :- : r	m :- : -	r :- : d	l₁ :- : -
Och nan och!		leag iad thu,		Och nan och!		leag iad thu,	
Och nan och!		thou art low,		Och nan och!		tale of woe,	

FINE.

d :- : l₁	d :-: r	d :- : l₁	s₁ :- : l₁ d	r :- : d.r	m :- : m	r :-: -	d :-: -
Och nan och!		leag iad thu,		'M beal - ach	a	ghar - aidh.	
Leag an t-each		barr - fhionn thu,		'M beal - ach	a	ghar - nidh.	
Sad thy fate,		laid so low,		Laid	where	they slew	thee;
'Twas thy proud		charg - er's force		Mad - ly	that	threw	thee.

D.S.

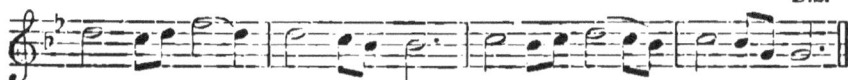

m :- : r.m	s :-: m	m :- : r.d	d :- : -	r :- : d.r	m :- : r.d	r :-: d.l₁	l₁ :-: -
Leag an t-each		barr - fhionn thu,		Leag an t-each		barr - fhionn thu,	
'Twas thy wild		war - like horse,		In his fierce		fier - y course,	

Is mise 'bhean mhuladach,
'Giulan na curraice,
O'n chuala gach duine,
    Gur anu 'na mhullach bha 'm fabhar.
'S i maighdeann ro dhubhach,
Nach fhainichear tuilleadh mi,
O'n taca so 'n-uiridh,
    O'n la chuireadh am fainn' orm.

'S mis' tha gu tursach,
'S tric snidh air mo shuilean,
'S mi 'g ionndrainn an fhinrain,
    Marcaich ar 'nan steud aluinn.
Cha teid mi gu bainnis,
Gu feill no gu faidhir,
Gur ann toiseach an earraich,
    Fhuair mi 'n t-saighead a chraidh mi!

Marcaich' au eich leumnaich dhuibh!
Leumnaich dhuibh! leumnaich dhuibh!
Marcaich' an eich leumnaich dhuibh!
    Reub an t-each bàn thu!
Eobhain Oig, leag iad thu!
Eobhain Oig, leag iad thu!
Eobhain Oig, leag iad thu!
    Gu'n fhios domh 's mi lamh riut!

Wearing my widow's dress
While these griefs round me press,
Mourning in deep distress,
    Sadly I linger.
Oh, but my heart is wae!
Oh, how unlike the day
When first this circle lay
    Fair on my finger!

Under my widow's weeds,
Oh, how my bosom bleeds,
Rider of gallant steeds,
    Weeping, I mourn thee:
Ne'er shall my heavy heart
Have in earth's joys a part;
Death, with his fatal dart,
    Sorely hath torn me.

On thy black bounding steed,
Riding with eager speed,
Slain by the milk-white steed,
    Where it had thrown thee.
Oh, my young darling Hugh,
Slain e'er I ever knew;
Dead! oh, my dearest Hugh,
    I must bemoan thee!

Composed by the bride-widow of EVAN or HUGH, Chief of MACKINTOSH, who was killed on his marriage day.
Translation by L. M. Good settings of this melody are given in LOGAN'S Collection, and Professor BROWN'S
"The Thistle."

26—AM FOIRNEADH—THE MOTHER'S EXHORTATION.

CHORUS.

KEY C.

| s .,m :d ,l .- | d .d :s .,m | s .,m :d .,r | m,s .- :l | s .,m :d,l .- | s .d :s .,f |

Iseabail nach gabh thu furas? Iseabail nach dean thu tamh? Iseabail gu bheil thu'gorach
Bella, will you not be quiet? Bella, why in such a whirl? If you do not marry Donald,

SONG.

| m .,r :d .,r | m,s .- :l || s,m .- :d'.,l | s .,m :f,r .- | s .,d' :t .l | se .,m :l` |

Mur a pos thu Donull Bàn. Ged a thainig e gu laithibh Tha e laidir reachdor slan,
Bella, you're a silly girl. You'll be happy yet together; Tho' he's old, he's stout and kind;

| s,m .- :d'.,l | s .,m :f,r .- | m .,r :d .,r | m,s .- :l | s,m .- :d'.,l | s .,m :f,r .- |

Na biodh iom'gain ort a h-alach, Bi' tu'd mhathair na gabh sgath. 'S math do bhord a bhi gun ghainne,
You a smiling wife and mother, He a husband to your mind. Better take him, rich and mellow,

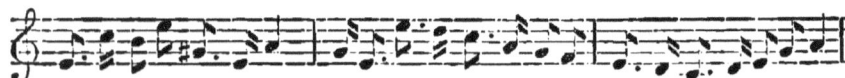

| m .,d' :t .m' | se .,m :l | s,m .- :m'.,r' | d'.,l :s .f | m .,r :d .,r | m .s :l |

'S pailteas bainne aig do bhò, 'Seach bhi'n taice giullain shuaraich 'S e gun bhnaile aig no bharr.
And have wealth and cattle now, Than take some poor worthless fellow, Who has neither corn nor cow.

Gheibh thu deiseachan is riomhadh,
Cha bhi dith ort, theid mi'n rath ;
'S fearr duit sin na'n airc, is briodal
Iain chrin a Dail-a-chàis.
Tog dhe d' iomairt feadh an tighe,
Cha'n eil math dhuit a bhi bàth ;
Glac an gliocas, 's glac an storas
Tha cho deonach teachd a'd dhàil.

Iseabail, mur gabh thu 'n tairgse
Bi' mi feargach riut gu bràth,
Mur a cord thu nochd ri Donull
Gabh mu d' chaiseart tòs an la.
Greas, gabh comhairle, 's cuir umad,
Bidh an duine so gun dàil,
Nach biodh aileag ann do mhuineal
Nuair a chuireas e ort fàilt.

You'll get jewelry and dresses,
And you'll never want for cash ;
Better that than mere caresses
From wee John of Dalachash.
What's the good of being saucy?
Stop your fussing through the house ;
Take the wealth that offers, lassie,
And be thrifty, wise, and crouse.

Bella, you will cause me sorrow
If your chances you abuse ;
You may leave the house to-morrow
If old Donald you refuse.
Quick and dress, and show your graces ;
There, your man is coming, Miss ;
Now, don't you be making faces
When he greets you with a kiss.

Song by J. MUNRO ; translation by L. M. Old Gaelic Air.

27—O THEID SINN—AWAY, AWAY.

CHORUS.

KEY D.

{ :m.s | l :r | d' :m .,m | s .,f :m .,r | d :m.s | l :r | d' :m .,d | r :- | r }
O theid sinn, theid sinn le suigeart agus aoidh, O theid sinn, theid sinn deòn·ach
A - way, a - way with a merry, merry lay, With song and heart - y chor - us,

FINE.

{ :m.s | l :r | d' :m | s .,f :m .,r | d :t .d' | r' :d'.t | l.s :f .m | r :- | r }
O theid sinn, theid sinn thairis air an t-Sruidh, Gu muinntir ar daimh us ar n-eòl - as.
We'll cross the Forth, and rivers of the north, A - way to the land that bore us.

SONG.

{ :m.r | d :d' | d' :- .d' | r' .,d' :t .,l | l .,s .- :s | l :r' | r' :- .,m' | r' :- .d' | l }
Ged bha sinn bliadhn - tan fa - da fa - da bhuath, Am Bai - le Chluaidh a còmh - nuidh,
Though we may roam far from our Highland home, Where Clyde's brown flood is swell - ing,

D.C.

{ :t | d' .,d' :d' .,r' | d' :t .,l | s .,f :m .,r | d :r .,m | l :s .m | l .,s :f .,m | r :- | r }
Car tamul beag gun treig sinn ar gairm 'us gun teid sinn, A dh' fhaotainn an graidh 'us an còmhraidh.
We'll seek our native vales, And we'll hear the Highland tales, That the friends of our childhood are telling.

'Us chi sinn an caol, air 'm faca sinn, le gaoith,
Na bataichean aotrom seoladh ;
'Us chi sinn na beanntan a gleidheadh sneachd 's
an t-samhraidh,
'Us chi sinn na h-àiubhnichean boidheach.
O theid sinn, &c.

'Us chi sinn na glinn, mu'n ait' 's an d'rugadh sinn
'S am bitheadh sinn aotrom gorach ;
'Us chi sinn na coilltean, le aighear is toil-inntinn
'S am bitheadh sinn a cluinntinn an smeorach.
O theid sinn, &c.

Again we'll view the places that we knew—
The bay with boats in motion,
The mountains all sublime with their snow in
summer time,
And rivers rolling down to the ocean.
Away, &c.

We'll see each ben, and bonnie, bonnie glen,
And wander through the wild wood,
Where the thrush on leafy spray warbles all the
live-long day,
Where we used to play in childhood.
Away, &c.

Gaelic words by the late JOHN MUNRO, Glasgow; translation by L. M.

28—LINN AN AIGH—THE HAPPY AGE.

KEY C.

| An | uair | bha Gàilig | aig na h-eòin | Bha'm | bainne air | an | lòn mar dhrùchd |
| When all | | the birds in Gaelic sang | | Milk lay like dew | | up-on the lea; |

| A | mhil | a' fàs air | bàrr an fhraoich, | A | h-uile ni | cho | saor 's am bùrn. |
| The heath-er in-to | | honey sprang, | | And everything | | was good and free. |

<table>
<tr><td>

Cha robh daoin' a' paidheadh màil;
　Orra cha robh càin no cìs—
Iasgach, sealgach agus coill
　Gun fhoighneachd aca 'us gun phrìs.

Cha robh cogadh, cha robh còmhstri;
　Cha robh cònnsachadh no streup ann;
H-uile h-aon a' gabhail còmhnuidh
　Anns an t-seòl 'bu deòin leis fhéin e.

Cha robh guth air crich no tòir;
　Bha gach dùil 'tigh'nn beò an sìth;
Feum 's am bith cha robh air mòd,
　'Us lagh na còrach air a' chridh'.

Dh' òr no dh' airgiod cha robh miagh;
　Sògh 'us fialachd air gach làimh;
Cha d' fhiosraich bochduinn duine riamh,
　Ni 's mò a dh' iarr neach riamh cuid chàich.

Bha caoimhneas, comunn, iochd 'us gràdh
　Anns gach àit am measg an t-sluaigh,
Eadar far an d' éirich grian
　'Us far an laidh i niar 's a chuain,

　An uair bha Gàilig aig na h-eòin.

</td><td>

No tax or tribute used to fall
　On honest men, nor any rent;
To hunt and fish was free to all,
　And timber without price or stent.

There was no discord, war or strife,
　For none were wronged and none oppressed;
But every one just led the life
　And did the things that pleased him best

All lived in peace, there was no sort
　Of prey or plunder, feud or fight;
There was no need for any court—
　Their hearts contained the law of right.

For gold or silver no one cared,
　Yet want and woe were never near;
All had enough, and richly fared,
　And none desired his neighbour's gear.

Love, pity, and good-will were spread
　Among the people everywhere,
From where the morning rises red
　To where the evening shineth fair,

　When all the birds in Gaelic sang.

</td></tr>
</table>

Gaelic song by J. MacCuaraig.

29—CUIR A CHION DILIS—FAIREST AND DEAREST.

CHORUS.

KEY D.

```
{ |m :-.f : s  |l :- : t  |d':-.m': r'.d' |t :- : l  |s : m : d'|t :- : l  |se: m : l  |1, :- }
```

Cuir, a chion di - lis,   di - lis, di - lis,   Cuir, a chion di - lis,   tharam do làmh;
Sweetest and dear - est, fair - est, dear - est,   Take me, my dar - ling, now in thine arms;

```
{ :l,.t,  |d :-.r : m.f |s :-.fe: s  |l :-.t: d'|t :- : l  |s: m :r.d |m:-.r: t,|d :-.r: t,|l, :- }
```

Do ghorm shuil thairis a mhealladh nam mill-tean, B' amaideach mi 'nuair thug mi dhuit gradh
Thy red lips are smiling, thy blue eyes beguil - ing; Would that I ne'er had gazed on thy charms.

SONG.

```
{ :l  |d':-.r': m' |m':-.m': f' |m': r': d'|t :- : l : s |d' :-.t: d' |r' :-.de': r' |m':-.re': m'|m': }
```

...ltinn deisead do phearsa nach fhacas a thuairmeas, G'iomachd fo'n chnach-chul tha camagach tlà,
Thy beauty and brightness and lightness in go - ing Under the bon - nie brown waves of thy hair,

```
{ :d'.r'  |m': f'.m': r'.d' |r':m'.r': d'.t |l :s.f :m.d |t :- : l  |s: m :r.d |m:-.r: t, |d :-.r: t, |l, :- }
```

Rinn dealradh do mhaise 'us lasadh do ghruaidhean Mise ghrad-bhualadh thairis gu làr.
Thy lips red and luscious, and blushes bright glowing, Smote me with love and sweetest despair.

Do dhearc-shuilean glana, fo mhala gun
  ghruaimean,
'S daingean a bhuail iad mise le d' ghràdh.
Do ròs-bhilean tana, seimh, farasda suairce,
Cladhaichear m' uaigh mur glac thu mo lamh.

Thoir fuasgladh air m' anam, o'n cheangal is
  cruaidhe;
Cuimhnich air t'uaisle, 's cobhair mo chàs;
Na biodhams'a'm thràill dhuit gu bràth oan uair so;
Ach tiomaich o chruas do chridhe gu tlàs.

Cha 'n fhaodar leam cadal, air leabaidh an
  uaigneas,
'S m' aigne 'g a bhuaireadh dh' oidhche 's a là;
Ach ainnir a's binne, 'e a's grinne, 's a's suairce,
Gabh-sa dhiom truas 'us bitbidh mi slàn.

Thy blue eyes soft beaming and gleaming, my
  treasure,
Lips like the rose in the dew of the morn,
With passion have filled me, and thrilled me with
  pleasure;
Death is my doom if I suffer their scorn.

Thy charms are ensnaring, despairing I languish;
Free me—remember how noble thou art;
No longer enslave me but save me from anguish:
Love, sweetest love—let it soften thine heart.

For me there's no sleeping; but weeping, grief-
  laden,
Midnight and morning with sorrow I dwell;
But, oh! should my sweetest and neatest young
Pity and love me, I soon should be well. [maiden

A favourite Gaelic song. Translation by L. M. The chorus seems to have belonged to another song.

80—A CHAILINN THA TAMH MU LOCH EITE—THE LASS BY LOCH ETIVE.

KEY F. :d'.l | s :m | r.d | d :-.r :m.f | s :-.l :s | s :m :d |

SEISD—{ Cha'n eil mi mar b'àbh - aist la seachduin no Sàbaid, 'S cha
Dh' fhàs clanal air m'aig - ne bho 'n thug mi 'chiad aire Do 'n

CHORUS—I'm dreary on Sun - day, I'm wea - ry on Mon - day, And
A lovely young na - tive, from hou - nie Loch E - tive, Has

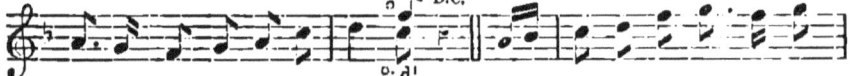

m :-.r :d | r :m :s | l :- :s : | m.f | s :l :d' | r' :-.d' :r' |

dùisg - ear à pràmh gu deagh ghleus mi; Bha àm ann 'us shaoil mi nach
challinn tha tàmh mu Loch Eite.
noth - ing can wake me to glad - ness; I once had the no - tion, that for
filled me with love and with sad - ness.

D.C. :d'

* First time end with F (doh'); second time end with C (soh).

m' :-.r' :d' | d' :l :s | l :- .s :l | s :l :d' | r' :- :l | : :d'.r' |

beanadh an gaol rinm 'S nach maothaicheadh idir mo chridh' ris; Ach
love's strange e - mo - tion My heart was too careless and list - less; I've

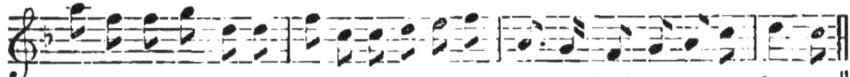

m' :d' :d' | r' :l :l | d' :s :s | l :t :d' | m :-.r :d | r :m :s | l :- :s |

chaochail am beachd sin 'us tha mi nis faicinn Gur deac - air e duine bhi strith ris.
changed that opinion, I've felt its do - minion, And find that its sway is re - sist - less.

Aig coinnimh na h-òigridh 's ann chuir mi 'n
ceud eòlas
Air an òg-chailinn choimhlionta, chiataich;
'Us cha tig e an gradaig a mhùchas an t-sradag
A rinn ise fhadadh 'n am chliabh-sa.

Cha dùth dhomh bhi luaidh air na feartan thug
buaidh orm,
'S a mhosgail bho shuaimhneas gu bròn mi—
A gnùis fhoinnidh, fhlathail, a sùilean cao-in, tairis,
'S a binn-bheul o 'm blasda thig còmhradh.

Is fìnealta, uasal a beus 'us a gluasad;
Is ceanalta, suairce a nàdur;
'N a pearsa cho loinneil, 'n a deise cho sgoinneil—
Cha 'n ioghnadh ged 's toigh leam a' ghràidhbeag.

'S e cuspair mo smaointean a latha 's a dh' oidhche
A dh' fhoillseachadh seòl air bhi rèidh rith',
'Chionn mur faigh mi a buanuachd ri 'm bheò
bidh mi truagh dhbeth,
Fo sgàil dhuibh gun suaimhneas gun
tibhneas.

At a young people's meeting I first got her
greeting,
This fair one for whom I am yearning,
And her loveliness threw some love sparks in my
bosom,
That still are unquenchably burning.

The graces displayed in this charming young
maiden
Are past all my powers of relation:
Her smile that entrances, her bright loving
glances,
Her artless and sweet conversation—

Each feature and gesture, each fold of her vesture,
Each word and each motion discover
She's peerlessly pretty, wise, modest and witty—
Dear lassie, no wonder I love her!

Both sleeping and waking my heart it is aching;
To win her esteem I'll endeavour;
And if my enslaver deny me her favour,
My life shall be clouded for ever.

New song by Mr M. MACFARLANE; translation by L. M. The air is known as "Airidh nam badan."

31—CRONAN—A LULLABY.

KEY A.

m :r :d	m :r :d	r :d :r	m :— :s
Cag - ar - an,	cag - ar - an,	cag - ar - an	gaol - ach,
Hush - a - by,	dar - ling,	and	hush - a - by,	dear, O,

m :r :d	m :r :d	r :d :t₁	l₁ :— :s₁
Cag - ar - an,	fogh - aint - each,	fear de mo	dhaoi - ne
Hush - a - by,	dar - ling will	yet be a	he - - ro;

s₁ :l₁ :t₁	d :r :m	r :d :r	m :— :s
Goid - idh e	gobh - air dhomh,	goid - idh e	caoir - ich,
None will be	big - ger, or	brav - er, or	stroug - er:

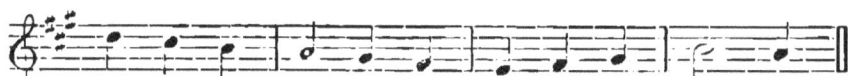

f :m :r	d :t₁ :l₁	s₁ :l₁ :t₁	r :— :d
Goid - idh e	cap - ull 'ns	mart o na	raoin - tean.
Lull - a - by,	lit - tle one,	cry - iug no	long - er.

Cagaran laghach thu, cagaran caomh thu,
Cagaran odhar, na cluinneam do chaoine ;
Goididh e gobhair 'us goididh e caoirich,
Goididh e sithionn o fhireach au aonaich.

Dean an cadalan 's dùin do shùilean,
Dean an cadalan beag 'na mo sgùrdaich ;
Rinn thu an cadalan 's dùin do shùilean,
Rinn thu an cadalan, slàn gu'n dùisg thu !

Thuit e 'na chadalan thuit e 'na shuainean;
Cairisidh ainglean gu cairdeil mo'n cuairt da ;
Cluinnidh e'n guthan a cagar 'na chluasan,
'S bithidh fiamh-ghàire air gràdhan 'na bhruadar !

Lullaby, little one, bonnie wee baby,
He 'll be a hero and fight for us maybe ;
Cattle and horses and sheep will his prey be:
None will be bolder or braver than baby.

Softly and silently eyelids are closing;
Dearest wee jewel, so gently he 's dosing;
Softly he 's resting by slumber o'ertaken ;
Soundly he 's sleeping and sweetly he 'll waken.

Placidly, peacefully, slumber has bound him ;
Angels are lovingly watching around him—
Beautiful spirits, his sorrow beguiling,
Sweetly they whisper, and baby is smiling !

The three first verses of the Gaelic are relics of an old Lochaber lullaby.

82—BAN-RIGH BHICTORIA—QUEEN VICTORIA.

CHORUS.

KEY B♭.

{ .s₁,s₁ | d :m.r | d :s₁.t₁ | d :s₁.f₁ | m₁.d₁:d₁.d | r .m :f .m | r :l₁.de }

Cuiribh fonn air an dàn   so an can - ain ar n-aithrichean. 'Us togaibh leam an t-seisd so, gu

Now a bold and sonor - ous good chor - us from Highl'anders. Ring out your hearty cheers, Mountain-

{ r :l₁.s₁ | f₁.r₁:r₁.t₁ | d :m.r | d :s₁.t₁ | d :s₁.f₁ | m₁.d₁:d₁.m₁ | r₁.m₁:f₁.s₁ }

h-entrom 'sgu caithreamach; Tha clanna nan Gaidheal tha tamh measg nam mor-bheanna, Le dùrachd ag cur

eers and brave Islanders; All join this refrain, for the reign, long and glor - i - ous, The royal rule of

SONG.

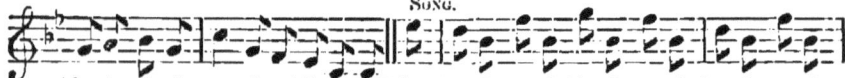

{ l₁.t₁:d.l₁ | r :l₁.s₁ | f₁.r₁:r₁. | f | m.d :s.d | l .d :s.d | m.d :s.d }

faîlt   air   a'   Bhan-righ'nn Victoria.   Tha Sasunn doirteadh mach a h-òir à storasaibh gu

blessings full, the good Queen Victoria's.   The Saxon land, with lavish hand, has shown her liber-

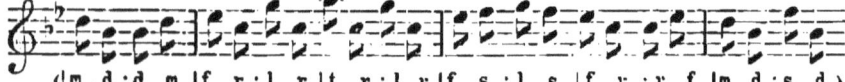

{ m.d :d.m | f .r :l .r | t .r :l.r | f .s :l .s | f .r :r.f | m.d :s.d }

fìughantach; An Eirinn fhéin a' deanamh streip a mi-thlachd gheur a thiomachadh; Na Cuimrich agus

al - i - ty; Ev'n Erin's Isle resumes her smile of sweetest, rarest qual - i - ty; On Lowland dales and

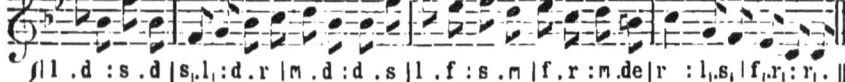

{ l .d :s.d | s₁.l₁:d.r | m.d :d.s | l .f :s .m | f .r :m.de | r :l₁.s₁ | f₁.r₁:r₁. }

Goîll na h-Alb' cur aird air mar is urrainn daibh. A chuisreagadh gu h-uasal fialaidh bliadhna na h-ùbhil!

hills of Wales, that ancient Principal - i - ty. This Jub-i - lee they keep with glee, and free cordi-al - i - ty!

Ach sinne, Gàidheil nan crìochan garbh,
Is teàrc 's an iùm ar lìneachan;
Is eutrom, falamh, fàs, gun òr,
Ar pòcannan 's ar n-ionmhasan;
Cha'n e ar nòs bhi spaideil, spòrsail,
Bruidhneach, bòsdail, mìodalach,
'Us tairgidh sinn, mar sin, do'n Bhàurigh'nn
Làn-ghradh ar cridheachan.

Gun lìon i mòran làithean fhathast
Cathair àrd nam Breatunnach;
Gu'm fas a chàirdean lìonmhor, làn;
Gn'm faîgh a nàmhaid beagachadh;
Gu'm meal i sonas, gràdh an t-slòigh,
'Us glòir 'n a làithibh deireannach;
'S na leanas iadsan thig 'n a dèigh
'N a ceannaibh cha 'n eagal duinn.

Am measg nan linn a b' airde glòir,
Le'n daoine mòra, foghaintcach;
Am measg nam fine choisinn cliù
Fo righribh cùiseil, connasach—
A dh'aindheoin beachd nan eachdraichean
Gu deimhinn, 's iad mo roghainn-sa
Ar cinneadh féin, an linn a tha
'S ar Bànrigh'nn Victoria.

But we the Gaels, in lonely vales
Beyond the frowning Grampians,
Though clansmen true, are poor and few,
Bereft of chiefs and champions.
Though we've been proud and never bowed
With praises loud to royalty,
Our Queen and land shall aye command
Our hand, heart and loyalty.

Long may she reign o'er land and main,
No loss or pain distressing her,
Her friends increasing, foes decreasing,
Health increasing blessing her;
Long may her people shower upon her
Love and honour merited;
May sons unborn her virtues see
By kings to be inherited.

Of every age upon the page
Of Britain's sage historian,
For this we claim the highest fame,
This age we name Victorian;
And surely none such victories won
So wisely, bravely, humanly;
And than our Lady none has been
More queenly or womanly.

Gaelic song written for this collection by Mr M. MACFARLANE. English by L. M. Air—"Cabar-feidh."

NOTES.

UNPUBLISHED AIRS.—Of the sixty-four melodies contained in this collection, the following twenty-five are now (so far as known to the compiler) published for the first time:—Nos. 2, 4, 5, 6, 8, 9, 11, 12, 15, 16, 18, 19, 22, 23, 24, 25, 26, 27, 28, 29, and 32 of Part I., and Nos. 3, 8, 16, and 31 of Part II.

MACKINTOSH LAMENT.—The following note has been kindly supplied by a leading authority on Highland antiquities (and a Mackintosh to boot), Mr Fraser-Mackintosh, M.P. :—There was no Chief of the Mackintoshes named either Hugh or Evan, and no incident such as is related is known in any authentic Mackintosh tradition. A History of the Mackintoshes, written in Latin in 1676, by Lachlan Mackintosh of Kinrara, uncle of the then Chief, refers to the Lament as follows:— "It was this William (second of that name and 13th Laird of Mackintosh), that, in his expedition to Rannoch and Appin, took the bard Macintyre, of whom the Macintyres of Badenoch are descended, under his protection. This Macintyre was a notable Rhymer. It was he that composed that excellent Erse epitaph called Cumha Mhic an Toisich, in joint commemoration of Ferquhar vic Conchie and William vic Lachlan Badenoch, Laird of Mackintosh." Ferquhar, 4th of that name and 12th of Mackintosh, died at Inverness, 10th October, 1514, a year after his release from his very lengthened imprisonment as a state prisoner in the Castle of Dunbar. William, 13th Laird, was murdered at Inverness by some lawless members of the clan on the 20th, or, according to the Manuscript of Croy, on the 22nd May, 1515.

THE SACRED SONGS.—The present is, so far as the compiler knows, the first collection of Highland Sacred Melodies printed. The most popular have been chosen, and in most cases the airs have been noted down from native singers. These hymns are seldom, if ever, used in worship, even privately, in the Highlands, but they are heard not infrequently at friendly gatherings and in the family circle. Even the selection in this book will probably recall to many a Highlander memories of youth and home—

> These were the mystic melodies I heard when I was young,
> On which my childish heart arose when by my mother sung ;
> And when through other scenes I move, sad-hearted and unknown,
> They soothe my jaded spirit as I croon them all alone.

www.ingramcontent.com/pod-product-compliance
Lightning Source LLC
Chambersburg PA
CBHW022144090426
42742CB00010B/1377